Luise Richter
Empfänger vermißt

Band 1 der autobiographischen Trilogie
Korngoldleuchten

Herausgegeben von Peter Christoph Lobner

AF285854

Luise Richter im Mai 2007

Luise Richter
Geboren 1920, Mag. pharm., Apothekerin im Ruhe-
stand, Mutter dreier Kinder, Großmutter von fünf En-
kelkindern. Sie hat die nationalsozialistische Ära und
den zweiten Weltkrieg sowie die Nachkriegszeit in Österreich erlebt.
Aufgewachsen als sechstes von zwölf Geschwistern auf
einem Herrenbauernhof in einem kleinen Dorf zog sie
zum Studium nach Wien, wo sie die nächsten zwei
Jahrzehnte lebte, bevor sie nach ihrer Scheidung die
Leitung der Apotheke in einer Kleinstadt im Waldviertel übernahm.
Seit ihrer Pensionierung wohnt sie den größten Teil des
Jahres dort in ihrem Reihenhaus mit ihrem Garten, in
dem sie bis heute mit Freude und Hingabe arbeitet.

Peter Christoph Lobner
Geboren 1954, Dr. phil., Psychologe, Vater einer Toch-
ter, lebt in Wien. Schwerpunkt: Spirituelle Psychologie.

Empfänger vermißt

Eine wahre Geschichte aus dem zweiten Weltkrieg,
zusammengetragen im Jahr 1989 aus Erinnerungen,
Briefen und Tagebuchaufzeichnungen
von
Luise Richter

Band 1 der autobiographischen Trilogie:
Korngoldleuchten
Band 2: Wie in einem Schundroman
Band 3: Absturzgefahr gebannt

Herausgegeben von Peter Christoph Lobner

Bibliografische Information der Deutschen Nationalbibliothek
Die Deutsche Nationalbibliothek verzeichnet diese Publikation in
der Deutschen Nationalbibliografie; detaillierte bibliografische Daten sind im Internet unter http://dnb.d-nb.de abrufbar.

Herstellung und Verlag: Books on Demand GmbH,
Norderstedt. http://www.bod.de
ISBN: 9783837068443

Inhalt

Das Leben wird vorwärts gelebt
und rückwärts verstanden.
(Kierkegaard)

Vorwort des Herausgebers

Luise Richter wurde durch den Mangel an Wissen der Jüngeren über die Zeit des Nationalsozialismus und des zweiten Weltkrieges und das notorische "Vergessen" und Schweigen der Älteren, wie er sich in Diskussionssendungen im österreichischen Fernsehen Ende der 80er und Anfang der 90er offenbarte, aufgeschreckt und sah sich verpflichtet, ihren Anteil zur Aufklärung darüber beizutragen.

Inzwischen ist unter dem Schlagwort "Aufarbeitung" eine Kultur der Selbstgerechtigkeit und Verdammung entstanden, die selbst einem faschistischen Impetus folgt und eine moralische Überlegenheit der Nachkommen den eigenen Eltern und Großeltern gegenüber sowie eine Unverführbarkeit gegenüber totalitären politischen Ideologien voraussetzt.

Daß wir aber nur Glück gehabt haben, später geboren zu sein und zu überheblich sind, diejenigen, die dieses Glück nicht hatten, als von dem gleichen guten Willen und dem gleichen Hoffen auf eine bessere Welt erfüllt gewesen zu sein, wie wir es uns zuschreiben, ist die Annahme, die uns überhaupt erst in den Stand versetzen würde, das Andere der immer wieder von den damals Jungen apostrophierten „anderen" Zeiten zu untersuchen, bis wir es verstehen.

Bis jetzt paradieren wir bloß im moralischen Dünkel auf und ab, in dem dieses stereotyp genannte Andere entweder nur als Ausrede oder als wirkmächtig nur infolge des menschlichen Makels der davon redenden Generation existiert

Was wir aber nicht verstehen wollen, taucht solange wieder und wieder auf, bis es endlich durch die vorurteilslose Betrachtung in seiner Essenz erkannt wird und damit Gehör finden und Ruhe geben kann. Das gilt für die seelische ebenso wie für die geschichtliche Entwicklung, für den Einzelnen wie für Kulturen und Zivilisationen und die Menschheit als ganze.

„Empfänger vermißt", der vorliegende erste Band der autobiographischen Trilogie „Korngoldleuchten" von Luise Richter, erlaubt einen authentischen Einblick in die Situation und die Mentalität der Jugend zur Zeit des Nationalsozialismus und des zweiten Weltkrieges anhand des Schicksals zweier junger Menschen; ein unbarmherziges und erschütterndes und doch eines, wie es unzählige andere ähnlich zu tragen hatten.

Vorwort

Heute, an einem wunderschönen Nachmittag im späten August des Jahres 1989 wandert Luise über Acker und Wiesenraine hinauf zu einem schmalen Weg, der sich zu einem Wald emporschlängelt. Tief beeindruckt ist sie von der lieblichen Landschaft, die nun schon im etwas matteren Glanz der tiefer am Himmel stehenden Sonne erstrahlt und die zauberhafte Melancholie des nahenden Herbstes erahnen läßt. Es ist sehr friedlich hier. Nur ab und zu ertönt das Motorengeräusch eines pflügenden Traktors in der Ferne. Unter einer Buche am Wegesrand verweilt sie, um im Grase liegend wie in ihren jungen Lebenstagen in die Baumkrone hinaufzuträumen.

Einst, so denkt sie, als das Leben noch vor ihr lag, galten ihre Träume einer geheimnisumwobenen, hoffnungsvollen Zukunft. Nun aber gelten sie ihrer entschwundenen Kinder- und Jugendzeit, dem Krieg und seinen Folgen, den Erlebnissen ihrer Vergangenheit und ihrer Gegenwart.

Plötzlich überfällt sie ein aufregender Gedanke. - Sie faßt einen großen Entschluß. Sie will versuchen, so manches, was für sie in ihrem Leben von Bedeutung war und ist, noch einmal im Geist genau nachzuvollziehen und es mithilfe ihrer Tagebuchaufzeichnungen und von Briefen und ihrer Erinnerungen zu Papier zu bringen.

Es werden in mühevoller Kleinarbeit Geschichten entstehen. Geschichten, wie sie das Leben, Luises Leben, geschrieben hat.

Erst ziehen allerlei Erlebnisse aus ihren Kindertagen an ihr vorüber. Dann verweilen ihre Gedanken bei den Fährnissen ihrer Jugendtage. Und schon gipfeln alle ihre Empfindungen in den Kriegsereignissen und deren Folgen und in ihrem unerfüllten Lebenskampf um die Gemeinsamkeit mit dem einen Soldaten, für den ihr junges Herz in Liebe erglühte, der aber aus Rußland nie wieder zurückkehrte.

So will sie nun als erstes damit beginnen, ihre Briefe und Tagebuchaufzeichnungen zu ordnen und mit ihren Erinnerungen zur Geschichte "Empfänger vermißt" zusammenzufügen. Später werden noch weitere Geschichten aus ihrem Leben folgen.

Luise beabsichtigt, nur für sich selbst dieses Werk zu beginnen. Genau überdenken und festhalten will sie, was und wie sie alles das erlebt hat, was es für sie bisher an großen Ereignissen gab. Es wird sehr mühsam werden, Seite für Seite mit der Hand aufzuschreiben. Wenn alles gelungen sein wird, dann will sie das Geschriebene auf Tonbänder sprechen und ihren Nachkommen und potenziell daran interessierten Verwandten und Freunden mitteilen.

Auf keinen Fall ist es Luises Absicht, mit ihren Lebenserinnerungen an die Öffentlichkeit herantreten zu wollen.

Erst viele Jahre später hegte sie insgeheim den Wunsch, ihre berührende Geschichte, die nicht nur als Liebesromanze zu werten ist, sondern die auch Einblick gibt in die schrecklichen Kriegsereignisse und in den damaligen Zeitgeist, in Form eines kleinen Buches veröffentlichen zu können.

Dies aber nur vorausgesetzt, daß sich ein Herausgeber findet, der sich dieser mühevollen Arbeit unterziehen will und kann.

Luise im Sommer 1942

Kapitel 1

„Ruft einst das Vaterland uns wieder ...“

Luise wurde um die Mittagsstunde eines strahlend sonnigen Oktobertages des Jahres 1920 geboren. Ihre Wiege stand in einem großen Bauernhof eines kleinen Dorfes am Rande des Dunkelsteiner Waldes.

Als erstes Kind nach der langen Trennung der Eltern infolge des ersten Weltkrieges wurde das Mädchen mit großer Freude aufgenommen. Es gab bereits fünf ältere Kinder, und im Laufe der Jahre folgten noch sechs jüngere. Die Mutter war eine selten gütige, arbeitsame, gottesfürchtige, gottergebene und vertrauenerweckende Frau, die ihrem Gatten in Treue und Liebe untertan war, so wie es damals die Sitte gebot.

Der Vater war einer der Herrenbauern, die es zu dieser Zeit noch gab. Er war der Verwalter und Schaffer seines Besitzes, ohne selbst bei der schweren und mühseligen Bauernarbeit Hand anlegen zu müssen. Als seiner Eltern einziger Sohn wurde ihm eine glückliche Kindheit und eine schöne Jugendzeit beschert. Doch als Soldat im ersten Weltkrieg packte ihn das Leben hart an. Er geriet bereits am 31. August 1914 in sibirische Kriegsgefangenschaft, aus der er nach fünf Jahren unter schwierigsten Umständen, allergrößter Not und unvorstellbaren Entbehrungen endlich wieder in die Heimat zurückkehrte. Völlig erschöpft und körperlich total heruntergekommen kam er im Oktober des Jahres 1919 am Heimatbahnhof an, wo ihm ein feierlicher Empfang bereitet wurde. Seine fünf kleinen Kinder stürzten dem Fremdling, der ihr Vater war, befangen in die Arme, und er herzte und küßte sie mit Tränen in den Augen.

Ein Magenleiden und manche andere Beschwerden, die er sich in Sibirien zugezogen hatte, machten ihm das Leben in der Heimat nicht gerade leicht.

Luise erinnert sich an sein großes und mit der österreichischen Fahne und folgendem Spruch verziertes Soldatenphoto, das schön eingerahmt in der Stube an der Wand hing:

„Ruft einst das Vaterland uns wieder
als Reservist, als Landwehrmann,
so legen wir die Arbeit nieder
und folgen treu der Fahne dann."

Seit sie lesen konnte, beeindruckte sie dieser Spruch ungemein. Sie ahnte aber als heranwachsendes Kind noch nichts von der ungeheuren Bedeutung und den unabsehbaren Folgen einer solchen Aussage.

Die kleine empfindsame Luise fühlte sich wohl und geborgen in ihrer Familie und auf dem großen Bauernhof, wo sie aufwuchs. Zu ihrer wundervollen Mutter fühlte sie sich sehr stark hingezogen. Da gab es in der Küche einen riesengroßen gekachelten Herd, der auf zwei Seiten mit einer Messingstange eingefaßt war. Auf dieser konnte sie nach Herzenslust herumturnen und sich zwischendurch immer wieder an Mutters Kittelfalte hängen, während diese für die Familie und die zahlreichen Dienstboten Tag für Tag das Essen zubereitete.

Der Vater war von einer geradezu beängstigenden

Autorität. Alle seine Kinder hatten ihm widerspruchslos zu gehorchen. Er besaß ein sogenanntes Pfeiferl, das laut und schrill ertönen konnte und weit und breit im ganzen Dorf vernehmbar war. Wenn er mitten im Hof stehend seinen Pfiff ertönen ließ, mußten die Kinder sich unverzüglich vor dem gestrengen Herrn Vater versammeln, um seine Befehle entgegenzunehmen. Nicht selten kam es vor, daß er auf diese Weise ihr fröhliches Spiel jäh unterbrach. Das stimmte die Kinder meist sehr traurig und auch unmutig, doch der Vater merkte das gar nicht. Es fehlte ihm das Verständnis für die Verletzung, die er den jungen Herzen damit zufügte.

Solange die Kleinsten hilflos waren, herzte und koste er sie, spielte mit ihnen und gab ihnen viel Zärtlichkeit. Den Größeren aber, die nicht mehr so hilflos waren, gewährte er kaum noch einen direkten Zutritt zu seinem Herzen. Wenngleich Luise und ihre Geschwister, als sie zu jungen Menschen heranwuchsen, wenig Herzlichkeit vom herben, strengen und verschlossenen Vater zu spüren bekamen, so empfingen sie doch stets Hilfe und Schutz von ihm, wenn sie in Nöten waren. Da fiel alle Härte von ihm ab. Verständnis und liebevolle Fürsorge waren plötzlich deutlich spürbar, er half, wo immer es ihm möglich war, und dieser sein Wesenszug vermittelte unter anderem den Kindern das große Gefühl der Geborgenheit. Geradlinig, gottergeben und ehrbar, das war der Vater stets und so galt er auch in seiner Heimatgemeinde als ein vielgeachteter, geschätzter Mensch.

Im Kreise ihrer großen und kleinen Geschwister hatte es Luise schön. Sie konnte von ihnen lernen, mit ihnen spielen, sie belehren und auch mit ihnen streiten, so wie es jeweils das Gebot der Stunde befahl. Sie liebte sie alle, auch wenn sie oft zugunsten der Kleineren auf manches verzichten mußte. So lernte sie also in frühen Jahren gründlich genug mit den Begriffen „verzichten müssen" und „Opfer bringen" umzugehen. Die fromme Mutter lehrte sie von Kindheit an beten, und gehorsam zu sein, das lehrte sie in hohem Maß der ehrfurchtgebietende Vater. Der Bauernhof in seiner Weite und Fülle barg in sich eine Unzahl geheimnisvoller Zauberplätze. Hier war es für ein Kind gut „sein". Hier konnte sich die Kinderseele entfalten.

Nach der Volksschule besuchte Luise die Mittelschule in der nahegelegenen Stadt. Schon von Kind auf wurde ihr von den Eltern und den älteren Geschwistern eingeredet, daß sie für die höhere Schule alle Fähigkeiten hätte, und so wurde es für sie nach und nach eine Selbstverständlichkeit, daß sie mit zehn Jahren aus dem Dorf in die Stadt kommen sollte. Sie hatte täglich einen ziemlich weiten Weg zu Fuß und dann noch eine kürzere Bahnfahrt zurückzulegen, bis sie endlich in der Klosterschule ihrer Heimatstadt ankam. Die täglichen Strapazen nahm sie gerne auf sich, denn ihr Zuhause im Dorf und in der Freiheit der Natur war für ihr seelisches und somit auch ihr körperliches Wohlbefinden von allergrößter Bedeutung. Der Vater überlegte einmal kurz, ob es nicht besser wäre, Luise ins Internat zu geben. Da bekam diese einen argen Schrecken, sie konnte sich das ständige „Eingesperrtsein" und das Beaufsichtigtwerden, kurzum, diese Art von Freiheitsentzug nicht vorstellen.

Zum Glück war die Unterbringung im Internat als Klosterzögling mit einem beträchtlichen Kostenaufwand verbunden, dem das Familienbudget ohnehin nur schwer gerecht werden hätte können. So wurde dieser

Plan gleich wieder für immer verworfen.

Trotz ihres guten Lernerfolges fühlte sich Luise, die innerlich und äußerlich ein echtes Dorfkind war, in der Stadt und in der Schule fremd. Es währte eine geraume Weile, bis sie sich in ihrer neuen Umgebung zurechtfinden konnte und bis sie von ihren Klassenkameradinnen, den Stadtkindern, als ihresgleichen angenommen wurde.

Eine Art Doppelleben

Während dieser Zeit führte sie eine Art Doppelleben. In der Schule kostete es sie viel Mühe, ihre Unbeholfenheit, Scheu und Schüchternheit abzulegen, um sich so ungezwungen wie alle anderen auch benehmen zu können. Sie fühlte sich geplagt von Minderwertigkeitsgefühlen. Diese schlugen zuhause in ein übertriebenes Selbstwertgefühl und in Hochmut um. Sie legte im Umgang mit ihren Familienangehörigen einen immer alles besser wissenden Widerspruchsgeist und eine unendliche Überlegenheit an den Tag, womit sie sich nicht gerade sehr beliebt machte. Doch im Laufe der Zeit wurde ihr Benehmen zuhause wieder gemäßigter.

Inzwischen war es ihr längst klar geworden, daß sie mit manchem, was man sie von Kind auf gelehrt hatte, mit dem blinden Gehorsam, der übertriebenen Bescheidenheit und der daraus resultierenden Unfreiheit und Unsicherheit aufräumen mußte. Es gelang ihr auch nach und nach, sich von den übermäßigen Zwängen der väterlichen Erziehung und somit auch von den Hemmungen ihrer neuen Umgebung gegenüber zu befreien. Später noch in ihrem Leben mußte Luise allerdings feststellen, daß sie trotz aller Bemühungen über eine bestimmte Art von Unfreiheit, von etwas übertriebener Zurückhaltung, gepaart mit einem zu wenig entwickelten Selbstwertgefühl, hin und wieder stolperte. So ganz loslösen von all dem, wovon ihr Wesen von frühester Kindheit an geprägt wurde, konnte sie sich nicht.

Sie blieb das Kind von einst, das stets nach grenzenloser Freiheit strebte, dem es aber nicht gelang, alle Schranken der Unfreiheit zu durchbrechen, die ihre Gefühlswelt ihr auferlegt hatte. Sie behielt aber auch aufgrund ihrer Erziehung für immer ihren ausgeprägten Familiensinn, das starke Zugehörigkeitsgefühl zur heimatlichen Scholle und die große Liebe zur Natur mit allen ihren Wundern. Begriffe wie Pflichtgefühl, Kameradschaft, Treue, Ehrlichkeit, Hilfsbereitschaft, Gottverbundenheit und Vaterlandsliebe, mit denen sie aufgewachsen war, wurden zu den Leitideen ihres Lebens, von denen sie sich stets mit größter Hingabe führen ließ.

Im Jahre 1937 erlebte Luise, daß sich einige ihrer Schulkolleginnen, ja sogar auch ihre beste Freundin Heidi, politisch illegal nationalsozialistisch betätigten. Zu Hause in Luises Familie herrschte Vaterlandstreue, die nach der Ermordung von Dollfuß seinem Nachfolger galt.

So stand Luise vorläufig der neuen politischen Idee ihrer Mitschülerinnen verständnislos gegenüber. Nie hätte sie, schon allein wegen der strengen geradlinigen Erziehung, verbotene politische Betätigungen gutgeheißen. So blieb sie allen diesen Einflüssen aus persönlicher Überzeugung verschlossen.

Der Anschluß

Dann kam das Jahr 1938 mit dem Anschluß an Deutschland und an den Nationalsozialismus. Parolen und Begriffe wie „Deutschland, Deutschland über alles, Großdeutschland, Nationalbewußtsein, Kameradschaftsgeist, Heimaterde wunderhold" machten auch auf Luise einen starken Eindruck. Die Begeisterungsfähigkeit der Jugend für die große neue Idee wurde nun von überall her geschürt, besonders auch von Luises weltlichen Lehrern. Die Klosterschwestern wurden damals vom Lehrauftrag in ihrer Schule dispensiert.

Anfangs hatte Luise allerdings Bedenken, ob nicht vielleicht doch der christliche Geist in manchen Kreisen vom neuen Denken ausgeschlossen werden könnte. Oft und viel dachte sie darüber nach und kam schließlich für sich persönlich zur Ansicht, daß die nationalsozialistischen Idealvorstellungen, wie man sie damals zur Schau trug, mit der Religion durchaus zu vereinbaren waren, daß also diese Wertvorstellungen die christlichen nicht untergruben. So wurde sie bald in ihrem Heimatdorf begeisterte BDM-Führerin, die mit den Mädchen ihrer Heimatgemeinde nach vorgelegten Mustern Heimabende abhielt und gelegentlich bei Feierlichkeiten mit ihnen aufmarschierte, z.B. bei der Sonnwendfeier, wo sie feurige Gedichte gen Himmel schmetterte. „Feuer empor" und so ähnlich lauteten diese. Sie war nur kurze Zeit BDM-Führerin. Denn bald nach der Matura kam sie im späten Frühjahr 1939 als eine der ersten Arbeitsmaiden zum Reichsarbeitsdienst nach Mainfranken.

Zu Beginn war das für Luise eine herrliche Zeit. Sie war aus der Enge ihrer Heimat herausgekommen, um ein Stück mehr von der weiten Welt kennenzulernen, was nun ja auch ihr großer Wunsch war. So durchreiste sie allein während der Pfingstferien per Rad von Mainfranken aus das schöne Thüringen. Sie genoß in vollen Zügen die Freiheit in der herrlichen Gegend des Thüringer Waldes. Als eine der ersten Arbeitsmaiden in der sauberen, leuchtend blauen Uniform mit weißen Aufschlägen wurde sie überall bestaunt und mit Freuden aufgenommen.

Sie besuchte in Weimar alle denkwürdigen Stätten, wo einst Goethe wirkte. Tief beeindruckt stand sie oben auf dem Kickelhahn bei Ilmenau vor der Bretterwand des Häuschens, in dem „Wanderers Nachtlied" eingraviert steht:

„Über allen Gipfeln ist Ruh,
von allen Wipfeln hörest Du
kaum einen Hauch.
Die Vöglein schlafen im Walde.
Warte nur, balde, balde
ruhest du auch."

So begeistert Luise auch anfangs von ihrer Tätigkeit als

Arbeitsmaid und von der großen Gemeinschaft war, fühlte sie sich doch nach einiger Zeit des Drills ein wenig beschnitten in ihrem Freiheitsdrang. Schließlich war sie froh, als sie im Oktober des Jahres 39 dem Arbeitsdienst „Ade!" sagen durfte.

Einzug in Wien

Sie begann nun ihre Berufsausbildung in Wien. Wieder war das Leben für sie voller Neuigkeiten, an die sie mit Begeisterung, Neugierde und Abenteuerlust heranging. Und abermals mußte sie feststellen, daß sie immer noch ein Landkind geblieben war und daß sie mit ihrem Aussehen in der Großstadt nicht gut bestehen konnte. Trotz größeren Geldmangels gelang es ihr sehr bald, ihre Provinzkleidung, ihre Frisur, kurzum, ihre äußere Erscheinung zu verändern. Sie entwickelte dabei viel Geschick.

So wurde aus dem einfachen Landmädchen nach und nach ein attraktives junges Geschöpf. Infolge ihrer Begabung, anderen zuhören zu können, flogen ihr viele Herzen zu, sie gewann neue Freundschaften und frischte alte auf.

Als Luise im November 39 in Wien Einzug hielt, sie war damals neunzehn Jahre alt, nahm sich sehr bald in liebenswürdiger Weise der Onkel ihrer Freundin Heidi ihrer an. Er war sehr gebildet, hatte viel studiert und viel gelesen und zeigte und erklärte ihr in ihrer Freizeit Wien und die nähere Umgebung.

Im Frühjahr des Jahres 1940 lud er sie an einem

Samstagabend zu einem Stadtbummel ein. Sie speisten in einem schönen Restaurant und anschließend besuchten sie eine reizende Bar, „Peterle-Bar" hieß diese. Luise war hingerissen, was ihr dieser Abend in der Großstadt bot. Nach angeregter Unterhaltung bei Tanzmusik und Kerzenschein hatte der Onkel für seinen Schützling noch eine weitere Überraschung bereit. Er wollte Luise die Magnolienblüte im Stadtpark zeigen. Ohne jeden Argwohn ging sie auf seinen Vorschlag ein. Sie bestaunte die herrliche Blütenpracht, die im Mondenschein einen märchenhaften Anblick bot. Nicht sattsehen konnte sich Luise an diesen traumhaften Gebilden der Natur, die sie noch nie zuvor gesehen hatte.

Dann schlug der Onkel vor, sich eine Weile auf einer Parkbank auszuruhen. Luise machte bedenkenlos mit. Doch der gute Onkel war nun leider nicht ganz so harmlos, wie er bisher schien. So nahm der schöne, erlebnisreiche Abend einen einigermaßen unangenehmen und peinlichen Ausklang.

Luise fühlte sich von ihrem Begleiter, den sie als väterlichen Freund sah, enttäuscht. Zum erstenmal zu später Stunde machte sie einen Blick auf die Uhr. Es war zwei Uhr nachts geworden. Wo war nur die Zeit hingekommen! Jetzt hieß es, rasch nach Hause, zu Fuß natürlich. Der Onkel begleitete sie auf ihrem weiten Heimweg.

Um drei Uhr früh wollte sie sich in ihr Zimmer schleichen. Doch, o Schreck! Ihre liebe und gütige Tante, bei der sie damals wohnte, stand plötzlich aufgebracht vor ihr, als sie die Wohnungstüre öffnete. Die Tante konnte nicht einschlafen, weil Luise nicht zu Hause war und so machte sie ihr bittere, aber berechtigte Vorwürfe. Seit dieser Zeit bestand ein strenges

Heimkehrgebot für Luise bis 23 Uhr 30 spätestens.

Dieser Abend blieb Luise noch lange in guter aber auch unangenehmer Erinnerung. Fortan lehnte sie jedes Treffen mit Heidis Onkel ab. Und sie sehnte sich nach der späteren Zeit, in der sie mit Heidi zusammen im Studentinnenheim zu wohnen beabsichtigte, weil es dann keine Heimkehrkontrolle mehr geben würde.

Der Adonis

Mittlerweile war Luise beinahe einundzwanzig Jahre alt geworden und sie träumte wie damals jedes junge Mädchen von der großen Liebe. Großgewachsen, schlank, gebildet, geistreich, liebenswert und ein Idealist müßte der Ersehnte sein, und wie vom Blitz getroffen sollten er und sie sein, wenn sie sich zum erstenmal begegneten. Daher waren alle kleineren Verliebtheiten und Flirts, die sie bis jetzt auf Kirtagen und Bällen oder in den schönen Wiener Tanzcafés beim Fünfuhrtee erlebte, für sie mitunter recht unterhaltsam aber bedeutungslos und nicht von dauerhaftem Eindruck.

Allerdings geschah es einst vor vier Jahren, als sie kaum siebzehn war, daß sie plötzlich dem erträumten Adonis gegenüberstand. Er war groß, schlank, blond, ungefähr sechsundzwanzig Jahre alt, freundlich und liebenswürdig, sehr gebildet und hatte einen Traumberuf. Ab und zu trafen sie sich rein zufällig und plauderten ein wenig miteinander. Da mußte sie jedoch erkennen, daß der Angebetete überhaupt keine Notiz von ihr als weibliches Wesen nahm. Die kaum siebzehnjährige Klosterschülerin, wenig attraktiv, wie sie damals aussah, machte nicht den geringsten Eindruck auf ihn, dem alle Herzen der jungen Dorfschönheiten von nah und fern zuflogen. So ebbte Luises Schwärmerei nach und nach wieder ab.

Als er sie viele Jahre später nach Kriegsende zufällig wiedersah, lud er sie sehr beharrlich zu einem Motorradausflug ein. Aus dem schlanken, ranken Adonis von einst war inzwischen ein etwas stattlicher Mann geworden, der sich aber immer noch auszeichnete durch sein geistvolles, inhaltsreiches und liebenswürdiges Geplauder. Luise lehnte seine Einladung mit Entschiedenheit ab. Sie hatte damals gerade andere Pläne.

Außerdem wunderte sie sich einigermaßen über sich selbst, da von der einstigen Schwärmerei nicht mehr viel übrig geblieben war. Damals vor sieben, sechs oder fünf Jahren hätte sie gewiß nicht gezögert, auf einen solchen oder ähnlichen Vorschlag seinerseits einzugehen. Wahrscheinlich hatte sie auch das Trauma, das er ihrer Jungmädcheneitelkeit zufügte, indem er sie einst so deutlich übersah, nicht ganz verwunden. Vielleicht steckte hinter ihrer Ablehnung auch ein wenig die Befürchtung, daß sie möglicherweise doch seinem Charme und seiner starken Persönlichkeit erlegen hätte können. - Es war nicht besonders klug, diese Einladung abzulehnen, meinte ihre Mutter, als sie ihr davon erzählte. Vielleicht hatte die Mutter recht.

Kapitel 2

Der junge Leutnant

Die Intervention

Doch nun wieder zurück zur noch kaum einundzwanzigjährigen Luise.

Unverhofft und vor allem ganz ungewollt und unvorhergesehen verliebte sich Luise eines Tages in einen jungen Leutnant. An jenem Tag war sie glücklich und unglücklich zugleich. Das geschah so:

Es war am 3. August des Jahres 1941, als Luise mit ihrer Freundin Helga per Eilzug von Wien nach E. reiste, um dort Hans zu treffen. Helga hatte ihren Hans vor einem Jahr während ihres Ferienlanddienstes in seinem Heimatort im Waldviertel kennengelernt. Sie verliebten sich ineinander. Das heißt, Hans hatte sich Hals über Kopf in Helga verliebt. Diese hatte aber damals zur gleichen Zeit noch ein zweites Eisen im Feuer, nämlich noch einen Verehrer, der sie umschwärmte. Auf diesen war Hans vermutlich eifersüchtig. Jedenfalls traf Helga Hans nach den Ferien auch noch einmal in Wien. Und er gefiel ihr immer besser. Doch dann hörte Helga nichts mehr von ihm. Wahrscheinlich hatte sich zwischen den beiden ein Mißverständnis eingeschlichen, meinte Helga.

Die blonde Helga zeichnete sich aus durch ein besonders hübsches und strahlendes Gesicht. Sicherlich wirkte sie ein wenig kokett und abenteuerlustig. Doch in Wirklichkeit war sie mit ihren siebzehn Jahren ein recht sittsames und wohlbehütetes Mädchen aus gutem Hause und in letzter Konsequenz jungen Männern gegenüber eher ablehnend als entgegenkommend, wie es sich zur damaligen Zeit eben schickte für ein anständiges Mädchen. Möglicherweise fühlte sich Hans durch Helgas reserviertes Verhalten abgelehnt oder verschmäht und in seinem männlichen Stolz verletzt.

Der junge Leutnant Hans - er war damals dreiundzwanzig Jahre alt - wurde inzwischen nach Ostpreußen versetzt. „Anderes Städtchen, anderes Mädchen!" hieß es damals im Volksmund. Das könnte nun möglicherweise auch für Hans zutreffend sein, meinte Luise. Er hüllte sich jedenfalls in Schweigen. Helga aber hatte den großen Wunsch, Hans bei seinem nächsten Heimaturlaub wiederzusehen. Sie glaubte fest an ein Mißverständnis zwischen ihnen und wollte dieses aufklären. Wie aber sollte das geschehen? Helga fand die Lösung. Luise sollte als Kumpel einspringen und die Initiative ergreifen, um ihr ein Treffen mit Hans zu ermöglichen. Für Luise war diese Intervention eine abenteuerliche und prickelnde Angelegenheit.

Der Plan wurde in allen Details genauestens ausgeheckt. Luise schrieb also an Hans aufregend frivole Briefe - natürlich unter der Zensur von Helga. Sie gab sich als eine alte vergessene oder verschmähte Freundin aus, die nichts anderes im Schilde führte, als sich unverschämt neuerlich aufzudrängen und ihn alsbald mit ihrem Wiedersehen zu beglücken. Dieses sollte natürlich mit Helga im Gefolge stattfinden. Doch davon hatte Hans keine Ahnung. Er war jedenfalls kein Spaßverderber und spielte mit. Auch ihn belustigte diese rätselhafte Korrespondenz. Das Wiedersehen von Luise mit Hans wurde brieflich geplant und sollte am Bahnhof in E. an jenem dritten August stattfinden.

Die Mädchen saßen also im Eilzug nach E. Sie näherten sich dem Ziele. Helga war begreiflicherweise ziemlich aufgeregt und natürlich auch sehr darauf bedacht, möglichst gut und schön auszusehen. Für einen Landausflug hatte sie beinahe ein wenig zu viel Elegance an Kleidung aus der Großstadt mitgebracht. Jedoch, sie sah blendend aus in ihrem schwarzweiß gemusterten Kleid aus reiner Seide, mit dem großen schwarzen Strohhut, den prachtvollen Stöckelschuhen, den lackierten Fingernägeln und dem bildhübschen zartgeschminkten Gesicht.

Luise hingegen war eher naturbelassen. Sie trug ein orangefarbenes Leinenkleid und bequeme weiße Sommerschuhe. Sie dachte, daß diese einfache Aufmachung reichen würde, einerseits für einen Landausflug, andererseits für diesen flotten Burschen, dem sie allzu gerne die Leviten lesen wollte für sein schmachvolles Betragen der Freundin gegenüber.

Nun - es war so weit. Luise stieg aus, mit Helga im Gefolge und bereitete sich voll Übermut auf den geplanten Überfall vor. Doch welche Enttäuschung, niemand war am Bahnhof. „Abgeblitzt, wie schade! Aber wenn wir schon diese weite Reise unternommen haben, wollen wir uns heute einen ganz besonders schönen Tag im Ort machen!", sagte Luise zum Trost zur enttäuschten Helga. Sie zogen los. Der Weg in den Ort führte auf einer kleinen Anhöhe entlang. Und siehe da - schon war

Hans in Sicht. Helga erkannte ihn aus weiter Ferne und sie erkannte auch seinen fünfzehnjährigen Bruder, der ihn begleitete.

„Ran an den Feind!", sagte Luise zu Helga und schon stürzte sie dem „Heißersehnten" entgegen, küßte ihn flüchtig auf die Wange und begrüßte ihn so sehr exaltiert, wie es ihr überhaupt nur möglich war.

„Ich freue mich, daß du zwar viel zu spät aber doch noch gekommen bist! Ach, wie ich sehe, bist du ja nicht allein. Das trifft sich großartig! Denk dir nur, ich hab auch eine ganz, ganz liebe Freundin mitgebracht. Darf ich dir Helga vorstellen ... "

„Das ist aber wirklich eine Überraschung. Wo kommen Sie denn her?", war seine Entgegnung. „Ach so, ihr beide kennt euch schon - wieso das - ich staune, nein so ein komischer Zufall! Man könnte also meinen, du würdest so ziemlich alle hübschen jungen Mädchen von Wien und Umgebung kennen, du Schwerenöter!", sprudelte Luise heraus.

Das fremde „Sie" von Hans zu Helga frappierte sie einigermaßen. Dann ging's weiter mit der Begrüßung und der Vorstellung des Brüderleins, in dessen Angesicht ebenfalls die Überraschung, Helga hier zu treffen, geschrieben stand.

Luise erschrak vor sich selbst. Wider Erwarten hatte dieser Hans sogleich einen starken Eindruck auf sie gemacht, beinahe hätte es ihr die wohlvorbereiteten Worte verschlagen. Doch sie riß sich zusammen und ließ sich nichts anmerken, sondern spielte die begonnene Komödie schwungvoll und formvollendet weiter.

Die Unterhaltung war fließend, angenehm und spritzig. Mit Ausnahme des Bruders waren sie alle ein wenig verlegen, doch keiner zeigte es, jeder spielte tapfer seine ihm zugeteilte Rolle. Luise die alte vergessene Freundin von Hans, Helga die zufällig mitgebrachte Freundin von Luise, und Hans das überrumpelte Opfer, das aber seiner Situation mit Fassung und Haltung zu begegnen wußte.

Hans wich nun schon nicht mehr von Luises Seite. Wahrscheinlich hatte er ein schlechtes Gewissen, deswegen mied er Helga und wandte sich der Freundin zu. Helga mußte nun mit dem Bruder vorlieb nehmen. Die beiden hatten sich gleich eine Menge zu erzählen, denn sie kannten sich ja gut.

Hans und Luise, 3. August 41

Schließlich verabschiedeten sich die Männer für eine Stunde, weil sie bei ihren Verwandten zum Mittagessen eingeladen waren. Der Form halber lud Hans die Mädchen auch dazu ein. Doch diese lehnten natürlich ab und stillten ihren Hunger mit ein paar Würstel im Bahnhofsgasthaus.

Pünktlich nach einer Stunde ging das Rendezvous weiter. Hans schlug einen längeren Marsch durch den Wald vor. Alle waren damit einverstanden. Luise hatte alsbald das Empfinden, daß es an der Zeit war, Helga mit ihrem Hans allein zu lassen und so lief sie einfach im Dickicht des Waldes davon.

Da geschah etwas Unvorhergesehenes. Hans blieb nicht zurück bei Helga, sondern er lief Luise nach und heftete sich weiterhin fest an ihre Fersen mit den Worten, „Warum läufst du mir davon? Ich bin doch nur deinetwegen gekommen, wollte ich doch endlich das rätselhafte Mädchen kennenlernen, das mit soviel Mut, Schwung und Charme Briefe verfassen kann!"

„Kennenlernen sagst du, du treuloses Wesen, kannst dich wohl gar nicht daran erinnern, wie und wo und wann wir uns schon längst einmal begegnet sind", sagte Luise vorwurfsvoll.

„Nein, beim besten Willen, das kann ich wirklich nicht", beteuerte Hans und schmunzelnd fügte er hinzu, „Denn wir sehen uns heute zum allerallerersten Mal!" Diese seine Worte klangen so sicher und bestimmt, daß Luise sich in ihrem erfundenen Spiel endgültig durchschaut fühlte. Und sie hätte doch zu gerne ihre Rolle noch weitergespielt, sie noch weiter ausgeschmückt mit all ihrer Phantasie!

Luise wollte oder sollte nun die Wahrheit sagen: „Mit Helga wollte ich dich alleinlassen, bist wohl zu feig, um dich mit ihr auf ein Gespräch einzulassen!"

Doch sie brachte keines dieser Worte mehr über ihre Lippen, es schnürte ihr plötzlich die Kehle zu. Hans sah sie lächelnd an, sie sah Hans an, und mit einem Mal mußten beide ganz laut und herzlich lachen.

„Bleib in meiner Nähe und laß mich an deiner Seite diesen wunderschönen Sommernachmittag erleben, bitte!", sagte er. Dann reichte er ihr die Hand und führte sie aus dem Dickicht auf den Weg, den Helga und der Bruder eingeschlagen hatten.

Luise wußte nun nicht recht, wie ihr geschah. Sie glaubte in dem Blick von Hans, in seinem Lachen und in seinen Worten Freude, Wärme und Sympathie zu verspüren, die ihr und nur ihr ganz allein galten. Plötzlich fühlte sie sich wie verwandelt. So wohl und froh war ihr ums Herz wie noch nie zuvor in ihrem Leben.

Helga aber ärgerte und kränkte sich. Luise spürte das genau und sie verstand es auch, und es schmerzte sie um der Freundin willen. Sie wanderten ungefähr drei Stunden so dahin, Hans an der Seite von Luise, und Helga mit dem Bruder. Natürlich zog Luise immer wieder Helga in das Gespräch mit Hans herein, aber es war nicht zu verhehlen, daß dieser sich lieber mit Luise allein unterhielt.

Während der langen gemeinsamen Wanderung an diesem strahlenden Sommertag spürte Luise ganz deutlich, daß sich ihrer immer deutlicher ein schier unbeschreibliches Glücksgefühl bemächtigte. Ihr Herz jubelte, ihre Seele wurde ganz weit und beflügelt, alles ringsum erstrahlte in einem unendlich schönen Glanz, Himmel und Erde verschmolzen gleichsam ineinander, alles wurde grenzenlos.

Sich an der Seite von Hans ganz dem Erleben des

Augenblicks der Gegenwart hinzugeben, die völlig herausgelöst war von Vergangenheit und Zukunft, das empfand Luise als ein großartiges und wunderbares Erlebnis, das sie wohl niemals mehr in ihrem Leben vergessen würde. Im Stillen hoffte sie, daß Hans spürte, was sie fühlte, was in ihrer Seele vor sich ging, wenngleich sie nach außen hin wenig oder gar nichts davon verriet.

Zwischen dem Glücksgefühl in ihrem Herzen und den Umständen, in denen es geboren wurde, lag ein schier unüberbrückbarer Abgrund. Das war ihr völlig klar, aber auch gleichgültig zugleich, denn solange sie sich in der Nähe von Hans befand, konnte nichts dem Zauber, dem ihre Gefühlswelt erlegen war, auch nur das Geringste anhaben.

Der Spaziergang durch den Wald und seine Lichtungen führte nun hinaus in die Weite auf einen Feldweg. Von Ferne war schon der Ort und der Bahnhof in Sicht. Nun ging ihr Weg entlang eines großen Haferfeldes. Ringsum war die Getreideernte schon eingebracht. Nur der Hafer, der ausgereifte, wartete noch auf den großen Schnitt.

Ein paar Schritte nur und schon stand Luise am Ackerrain neben dem goldfarbenen Hafer, unter den sich ab und zu leuchtendblaue Kornblumen hineingemischt hatten. Mit ihren Händen ehrfürchtig ein paar Ähren umfangend, verweilte sie hier sekundenlang mit ihren Blicken und ihren Gedanken. Das Ährengold erschien ihr plötzlich noch viel satter und üppiger als jemals zuvor, gleichsam als ob der Glanz ihrer erwachten Gefühle für Hans die Pracht dieser schon von Kindheit an so sehr geliebten Ackerfrüchte noch überstrahlte. Behutsam strich ein leiser Sommerwind über das Haferfeld und warf weiche Wellen hinein in die Fülle der reifen Ährengräser.

Der Anblick eines wogenden Kornfeldes löste immer wieder in ihrer Seele eine tiefe Andacht aus, verzauberte auf besondere Weise ihre Gefühlswelt und verleitete sie stets aufs Neue, ihre Gedanken voller Ehrfurcht vor dem Göttlichen, vor dem Überirdischen, dem Wachsen und Werden, dem Sein, dem Ernten und dem Vergehen alles Irdischen zuzuwenden. Doch da hielt sie plötzlich ganz gebannt inne beim Werden, beim Sein. Gedanken über das Ernten und Vergehen wollte sie heute ganz bewußt ihre Sinne verschließen.

Es kam zum Abschied am Bahnhof. Mit innigen Blicken hielt Hans lange und fest Luises Hand in der seinen. Für Helga hatte er nur einen kurzen Abschiedsgruß bereit. Wie mochte der Freundin zumute sein? In diesen Augenblicken wußte Luise ganz genau, daß dieses ihr großes Glückserlebnis plötzlich von der Realität des Abschiednehmens empfindlich getrübt und gestört, ja vielleicht sogar zerstört würde. Doch die Erinnerung daran sollte niemals verlöschen.

Das Diktat

Die Mädchen saßen nun wieder im Eilzug nach Wien - Helga redete auf Luise ein, die schweigend dasaß und sich nun völlig der nüchternen Wirklichkeit des Lebens ausgeliefert sah. Hans hätte sich ganz bestimmt in sie, Luise, verliebt, sie hätte es genau bemerken können, besonders beim Abschied, sagte Helga. Und dann fügte sie noch hinzu, daß sie, Luise, ohnehin viel besser zu Hans passe, denn sie beide wären Landkinder und im Oktober geboren, usw., usf. Aus Helgas Worten klang aber auch alle Enttäuschung und Kränkung heraus, die sie erfahren hatte und vielleicht sogar ein wenig Eifersucht. Doch dazu war eigentlich kein Grund vorhanden.

Für Luise war Treue und Kameradschaft der Freundin gegenüber selbst im Hinblick auf eigene Verluste oberstes Gebot. Sie wollte doch nur der Freundin helfen und ihr keinesfalls wehtun. Trotz der Zuneigung, die sie für Hans empfand, fand sie aber auch sein Verhalten Helga gegenüber nicht besonders taktvoll. So machte sich nun in ihrem Herzen ein Gefühl des Unglücklichseins und der Ausweglosigkeit breit.

Dieser Episode folgte dann noch ein liebenswürdiger, aber harmloser Briefwechsel zwischen Hans und Luise. Schließlich aber diktierte Helga Luise einen Brief. Dieser enthielt einen schweren Angriff gegen das Benehmen von Hans Helga gegenüber und wohl auch eine recht kindisch übertriebene und ein Quantum zu hochmütige Darstellung von Helgas Jungmädchenpersönlichkeit. Sie wäre im Umgang mit Männern viel zu verwöhnt, als daß sie es notwendig hätte, von Hans beachtet zu werden, so lautete das Schlußwort.

Nun, das war wohl ein wenig übertrieben, dachte Luise bei sich. Doch sie tat, wie ihr befohlen wurde und sandte Helgas Rachegedanken, in große Worte verpackt, ab. Beide Mädchen - jedes auf seine Weise - harrten seiner Antwort. Diese war entsprechend spitz und endete mit dem Abschluß, „Das Sprichwort vom groben Klotz und vom groben Keil soll bei allem Wohlwollen seine Gültigkeit behalten."

Luise selbst hielt für sich persönlich ohnehin alles für verloren. Sie wollte nun auch weiterhin mit der ganzen Angelegenheit nichts mehr zu tun haben und Hans nicht mehr antworten. Ihre Mission war eben mißlungen und zwar völlig mißlungen. Doch sie war natürlich einigermaßen traurig über das Erlebte.

Der Überfall

Da - an einem Septemberabend, als Luise allein zu Hause war und sich gerade in ein Buch vertieft hatte - läutete es an der Wohnungstüre. Luise fühlte sich gestört. Wahrscheinlich wollte die liebe Nachbarin wieder einmal des Abends die Tante mit ihrer Anwesenheit beglücken. Diese war aber heute ausgegangen, zu den „Löwingern". Die hatten gleich gegenüber von Tantes Wohnhaus ihre Bühne aufgeschlagen und spielten damals Volksstücke, die Luise nicht besonders leiden mochte. Deswegen blieb sie auch lieber zu Hause. Nun, Luise wußte genau, daß diese redselige Dame bei Tantes Abwesenheit ebenso gern mit ihr vorliebnehmen würde, um sich in einem Plauderstündchen zu ergehen. Somit aber wäre ihr Abendprogramm völlig durcheinander geraten. Sie stürzte daher sogleich mit der festen Absicht zur Türe, die Nachbarin im Hausflur abzufangen. Dort hätte sie ihr höflich aber bestimmt den Eintritt verwehren können.

Da geschah es, daß sie vor lauter Eile die Tür zu stürmisch öffnete und dabei gehörig über die Türschwelle nach vorne stolperte. Und - o Schreck, o Won-

46

ne! Luise fand sich in den Armen von Hans wieder, wo sie vermutlich vor lauter freudiger Überraschung ein paar Sekunden zu lang verharrte.

Dieser, der den „Vorfall" natürlich mißverstand, hatte sie sachte an sich gezogen und stammelte ebenso überrascht wie siegesfreudig die Worte, „Wie schön, daß du dich freust, daß ich gekommen bin, daß wir uns wiedersehen. Laß' uns doch in die Stadt fahren und uns einen ganz besonders schönen Abend machen!"

Die verfängliche Situation, aus der sich Luise längst wieder befreit hatte, verschlug ihr beinahe die Worte. Sie freute sich unbändig über das überraschende Wiedersehen, wollte es aber nicht zugeben. Sie war verlegen, wurde rot bis hinauf zu den Haarspitzen, das spürte sie genau.

Doch schon war sie wieder Herr der Situation, „Ich glaub', ich träum', die Überraschung ist dir wahrhaftig gelungen. Aber meinst du denn wirklich, daß Überraschung gleichzusetzen ist mit Freude?! Und daß du's weißt, ich bin dir nicht freiwillig in die Arme gefallen, sondern gestolpert - über die Schwelle. Es tut mir leid, dich mit dieser Erklärung enttäuschen zu müssen. Übrigens, wo kommst du plötzlich her? Vor ein paar Tagen hab ich deinen so überaus ‚freundlichen' Brief bekommen und ich war sehr am Überlegen, ob ich ihn dir nicht wieder zurückschicken sollte. Weil mir das aber zu mühsam war, habe ich ihn, haben wir ihn einfach vernichtet, zerrissen! - Wart' halt beim Haustor, ich zieh mich nur um und komm dann gleich runter!"

Hans erwiderte noch rasch, „Verzeih' bitte, aber ich habe mich doch nur verteidigt gegen alle deine, oder besser gesagt, eure Angriffe. Ich habe Urlaub und ich wollte dich einfach unbedingt wiedersehen, bevor ich in meine Heimat fahre. Den ganzen Tag bin ich im Zug gesessen und ich habe mich so auf unser Zusammensein gefreut. Ich will dir alles erklären."

Luise war total durcheinander geraten. Sie freute sich maßlos über diesen Überfall. Rasch zog sie ihr bestes Kleid an, nahm ihren einzigen halbwegs schicken Mantel, zwängte ihre unabsichtlich zu groß geratenen Füße in die aus Eitelkeit und Absicht etwas zu klein geratenen Stöckelschuhe hinein, setzte einen flotten Hut auf - man trug damals Hüte - warf noch einen kritischen Blick in den Spiegel und war mit ihrem Aussehen halbwegs zufrieden.

Los ging's. Sie zogen nun gemeinsam von dannen und landeten im „Café Semmering" am Südtirolerplatz. Dort konnte man gemütlich sitzen und in Ruhe plaudern.

Luise war eigenartig zumute. Laut schreien hätte sie mögen vor Freude. Es war ihr so, als ob eine unsichtbare Macht Hans und sie förmlich aneinanderkettete. Sie spürte ganz deutlich jene geheimen Schwingungen, die bisweilen zwei Menschen zueinander hinziehen, und denen man sich bestenfalls nur noch mit Gewalt entziehen kann. Sie war überwältigt von ihren Gefühlen.

Doch das Gebot der Stunde für sie war, sich zu beherrschen und ihre Gefühle zu bezähmen. Und das gelang ihr nach außen hin auch restlos, denn Selbstbeherrschung und Selbstverleugnung zu üben, das hatte sie schon von Kind auf gelernt. Also konnte Luise ihre Gefühle verstecken, die Allgewalt ihrer Existenz mußte sie aber entgegen aller Einwände der Vernunft einfach zur Kenntnis nehmen.

So saßen sie sich gegenüber im gemütlichen Kaffeehaus und sprachen über alles Mögliche, was ihnen gerade einfiel. Sie sahen sich fest in die Augen und wußten doch beide, daß sie am wesentlichen vorbeiredeten. Luise vermied es geflissentlich, ihre ganz persönlichen Empfindungen und Gefühle in die Unterhaltung einfließen zu lassen. Dennoch hatte sie den Eindruck, daß sie sich in allem, worüber sie sprachen, wunderbar verstanden.

Schon waren drei Stunden der recht angeregten Unterhaltung vergangen. Da machte Hans den Vorschlag, noch in ein nettes Stadtlokal zu fahren. Luise wurde ein wenig verlegen. Sie mußte ablehnen, denn erstens hatte sie von ihrer Tante nur bis 23 Uhr 30 Ausgeherlaubnis und zweitens hatte sie doch eine heillose Angst vor sich selber wegen ihrer Freundschaft mit Helga.

Im Laufe des Gespräches stellte sich heraus, daß beide sehr ähnliche Idealvorstellungen vom Leben im allgemeinen hatten und daß sie beide im besonderen von der großdeutschen Idee und von dem Glauben an Hitler erfüllt waren. Im Stillen bewunderte Luise Hans sehr, weil er ein vorbildlicher Patriot und ein überaus begeisterter Soldat war.

Sie erklärte Hans, daß ihre Tante sehr streng wäre und sie gewiß schon daheim erwarten würde. Also begleitete Hans wohl oder übel Luise nach Hause. Er bot ihr seinen Arm an. Sie kam seinem Wunsch gerne entgegen. Als sie so Arm in Arm dahinzogen, spürte sie seine Nähe noch näher und sie hatte das Empfinden, daß sie ihm gefühlsmäßig beinahe rettungslos ausgeliefert war.

Plötzlich fragte er sie, was sie denn eigentlich überhaupt so von ihm hielte. Das war wohl die schwierigste Frage, die er ihr stellen konnte. Da fiel ihr nichts Besseres ein, als ihm zu sagen, daß er bei ihr einen großen

„Minuspunkt" hätte. Nun, das stimmte zwar wirklich, bezogen auf sein Verhalten Helga gegenüber. Aber sie selbst hatte ihm dies doch schon längst verziehen. In diesem Augenblick war es ihr eigentlich völlig gleichgültig, was vorher alles geschehen war und sie hätte ihm auch am liebsten das Gegenteil von dem, was sie zu ihm sagte, gestanden. Doch aus Solidarität der Freundin gegenüber wagte sie es nicht, ihre Bemerkung zu korrigieren.

Sie empfand ganz deutlich, daß Hans von dieser ihrer Antwort sehr betroffen war, denn plötzlich schwieg er ziemlich lange. Hinterhältig, elend und gemein wäre sie sich vorgekommen, hätte sie jetzt ihre echten Gefühle gezeigt. Ja, sie kam sich fast niederträchtig vor, daß sie überhaupt so fühlen konnte, wie sie fühlte. Sie wußte, daß Helga bisher immer noch hoffte, Hans irgendwann irgendwie zurückzugewinnen, indem sie alle Mißverständnisse zwischen ihnen beseitigte, und sie, Luise, hatte ihr einst ihre Hilfe zugesichert. So war sie einigermaßen verzweifelt über sich selbst, über die Situation, in die sie geraten war.

Dann kam der Abschied. Hans ergriff Luises Hände, hielt sie lange in den seinen, dann zog er sie - die Hände - an seinen Mund und küßte sie innig und dann sah er Luise an, ein wenig hilflos und ratlos, wie es schien. Er sagte, "Du hast so klare und ehrliche Augen, und doch geben sie mir keine Klarheit darüber, wie du wirklich über mich denkst. Wie soll ich das mit dem Minuspunkt verstehen?" Ihre Antwort kam schnell. „Das möchte ich doch zu gerne deiner Phantasie überlassen!" Abermals blickte er sie an, lange, schweigend und ein wenig unsicher. Es schien, als wollte er etwas sagen, und er sagte doch nichts.

Wie gerne hätte sie dieses Schweigen gebrochen, wie gerne hätte sie alle Vernunft in diesem Augenblick über Bord geworfen. Die ganze unendliche Tiefe ihrer jungen Gefühlswelt war in der Begegnung mit Hans aufgebrochen. Sie glaubte, ihn zu lieben mit allen Fasern ihres jungen unverbrauchten Herzens. Aber das durfte sie doch nicht und daher konnte sie es sich auch nicht anmerken lassen. Und sie wußte ja außerdem auch gar nicht, was sie für sich persönlich von ihm halten durfte. Vielleicht war es nur seine „Masche", möglichst hilflos und ratlos dazustehen und rührselig die Hände zu küssen, um Mädchenherzen zu erweichen. Vielleicht wollte er sich bei ihr nur die Gewißheit verschaffen, daß er, der Unwiderstehliche, groß, schlank und rank, flott und fesch, wie er aussah, seine Mädchensammlung um ein weiteres Opfer bereichern könnte.

Davonlaufen wollte sie mit all ihren turbulenten Gedanken und Gefühlen. Doch sie blieb stehen - wie angenagelt. Da lagen sie sich nun plötzlich wie ganz von selbst in den Armen. Ihre Wangen streiften sich, und sekundenlang ruhten ihre Lippen aufeinander.

Da war sie wieder, jene wundersame Macht, die sie voller Zärtlichkeit zueinander hinzog. Da war aber auch schon wieder die Vernunft in Gestalt von Helga, die die Sekunden der Seligkeit fortjagte und diese der nüchternen Anständigkeit preisgab. Wie konnte es nur geschehen, daß sie nun beinahe zur Verräterin wurde? Jäh hatte sie sich aus seinen Armen befreit. Innerlich war sie total verwirrt, doch nach außen klangen ihre Worte bestimmt und sicher, als sie sagte, „Wir wissen wenig voneinander, aber von mir weiß ich, daß ich nicht im Entferntesten daran denke, eine von Helgas Nachfolgerinnen und Leidensgefährtinnen zu werden!" Und schon war sie im Haustor verschwunden.

Sie lief die Stiegen hinauf, hinein in die Wohnung, in ihr Zimmer. Dort stand sie hinter dem Vorhang in der Dunkelheit, und draußen im Schein der Straßenlaterne stand immer noch Hans, alleingelassen, nachdenklich, den Blick zum Haustor gewendet.

Es war ihr nun, als müßte sie hinauseilen zu ihm, um ihm gute Nacht zu sagen, einen schönen, erholsamen Urlaub zu wünschen oder nur, um ihm wenigstens noch einmal einen kurzen Blick zuzuwerfen, der ihm sagen sollte, daß sie ihm doch ihr Vertrauen schenken wollte. Doch sie zauderte zu lange, denn schon drehte sich Hans entschlossen um und ging davon. Wehmütig und schweren Herzens sah sie ihm durchs Fenster nach, bis er um die Ecke bog und ihrem Blick entschwand.

In dieser Nacht lag Luise noch lange wach. Sie versuchte, ihre verwirrten Gefühle zu entwirren, sie in geordnete Bahnen zu lenken.

Glücklich war sie, weil sie glaubte, erkannt zu haben, daß Hans es ehrlich meinte mit den Worten, sie unbedingt wiedersehen zu wollen, und weil sie nun doch deutlich zu spüren glaubte, daß er sie mit seinem Herzen suchte, ohne jede Abenteuerlust.

Unglücklich war sie, weil es ihr gewiß wurde, daß ihre Gefühle mit dem, was der Anstand ihr gebot, in einen harten Kampf miteinander geraten waren, dessen Ausgang noch in den Sternen geschrieben stand. Unglücklich war sie vor allem auch darüber, daß sie ihre echten Gefühle hinter dem, was sie so in Worten von sich gab, unweigerlich verstecken mußte.

Und dieses Wechselspiel von Glück und Unglück nahm sie schließlich mit hinüber in den Schlaf und in ihre Träume.

Luise benötigte für eine Prüfung ein Herbarium. Als sie sich an jenem Abend im Kaffeehaus mit Hans darüber unterhielt, erzählte er ihr, daß er als junger Mittelschüler für sich selbst zu seinem persönlichen Vergnügen und aus besonderem Interesse für die Pflanzenwelt ein Herbarium angelegt hatte. Er fügte hinzu, daß es ihm eine Freude machen würde, wenn er es ihr zur Ergänzung ihres eigenen Herbariums schenken dürfte. Luise war von diesem Angebot hellauf begeistert, denn für sie selbst in ihrer kargen Freizeit bedeutete alles, was mit dem Botanisieren zusammenhing, sehr viel Mühe, Arbeit und Zeitaufwand. Die lebenden und saftigen Blumen im Wald und auf der Wiese oder gepflückt und zum Strauß gebunden in der Vase erfreuten sie außerdem um vieles mehr.

Inzwischen ging Helga ans Werk und schrieb an Hans zwei Briefe, über deren Inhalt sie Luise nicht unterrichtete. Diese hatte ihr den Besuch von Hans natürlich nicht verheimlicht. Nun, es war ja schließlich nur für Helga allein von Bedeutung, was sie Hans mitzuteilen hatte. Und Helgas plötzlicher Alleingang tat ihrer Freundschaft keinerlei Abbruch. Jedenfalls bekam nun Luise endgültig Klarheit darüber, daß sie weiterhin, sollte sich noch ein Briefwechsel mit Hans ergeben, Helga ausschalten könnte, ohne damit ihre Kameradschafts- und Freundschaftsgefühle zu verletzen.

Der erste Brief von Hans

Hans schrieb nun an Luise folgende Zeilen:

27. 9. 41

Liebe Luise!
Ich schicke Dir das Versprochene. Hoffentlich bekommst Du die Pflanzen in gutem Zustand. Jetzt erst
bemerke ich, daß mein Herbarium ziemlich dürftig aus-
sieht. Früher einmal war ich mächtig stolz darauf. Ich
schenke es Dir gerne in der guten Hoffnung, daß Du
eine Verwendung dafür haben wirst. Helga danke ich
für die beiden Briefe, sie hat sie sicher mit viel Mühe
verfaßt. Sag ihr, bitte, daß ich alles restlos anerkenne.
Viele Grüße, Hans

Luise wußte nicht, was das nun wieder zu bedeuten hatte. Sie sagte Helga Bescheid und wunderte sich sehr darüber, daß Hans nicht an Helga persönlich schrieb. Für sie stand nun fest, daß sie in Hinkunft nicht mehr als Vermittlerin fungieren wollte.

Als sie dann Mitte Oktober ihre Prüfung bestanden hatte und zugleich mithilfe der Pflanzen von Hans ein prachtvolles Herbarium vorlegen konnte, bedankte sie sich bei ihm für sein Geschenk. Sie tat dies diesmal mit viel Bedacht und mit netten Worten.

Zur politischen Lage

Bevor nun auf den Antwortbrief von Hans näher eingegangen werden soll, noch ein Bericht zur damaligen politischen Lage, wie Hitler sie darstellte, wie viele Jugendliche sie empfanden, und wie Luises Vater über Hitler dachte.

Ehrgefühl, Pflichtgefühl, Vaterlandsliebe, Deutschtum, Mut, Einsatzbereitschaft, persönlicher Verzicht und Opferbereitschaft um einer großen Sache willen, das alles waren die erhabenen Tugenden und Idealvorstellungen, an denen sich ein guter Teil der jungen Menschen zur damaligen Zeit orientierte.

Hitler hatte es verstanden, unter Berufung auf seine von der Vorsehung bestimmte Sendung den Kriegsausbruch im September 1939 sozusagen als eine Notwendigkeit hinzustellen, ja vielleicht sogar als eine Art prophylaktischer Verteidigung zu erklären und konnte so mit dieser seiner Taktik die große Begeisterung der Jugend für seine Idee unvermindert aufrechterhalten.

„Wir werden weitermarschieren,
wenn alles in Scherben fällt,

denn heute, da hört uns Deutschland,
und morgen die ganze Welt!"

hieß es in einem der zündenden Soldatenlieder. Hitler
strebte nach einem Europa unter deutscher Führung,
was ja zur damaligen Zeit eine großartige Zielsetzung
gewesen wäre, hätte er sich vernünftiger und nicht ver-
werflicher Methoden bedient.

Die älteren Jahrgänge waren sicherlich nicht mehr so
begeisterungsfähig. Luises Vater z.B. stand Hitler anfangs sehr skeptisch gegenüber. Als Christlichsozialer
lehnte er vorerst den Nationalsozialismus entschieden
ab. Als Hitler dann aber auch in Österreich zur Macht
kam, befaßte er sich näher mit dessen Persönlichkeit
und ließ sich schließlich sogar vorübergehend von ihr
beeindrucken. Es hatte sich Vieles in wirtschaftlicher
Hinsicht schlagartig zum Besseren gewendet. So waren
z. B. die Bettler, die bisher scharenweise von der Stadt
aufs Land kamen und um milde Gaben zum Essen und
zum Überleben baten, nun ganz plötzlich von der Bild-
fläche verschwunden. Die große Not war überwunden,
und das war gut so.

Allerdings, als dann der Krieg mit Polen ausbrach,
wich des Vaters positiver Eindruck vom großen „Führer" einer tiefen Besorgnis, daß es abermals zu einem
Weltkrieg kommen könnte, und das würde - wie er sagte - niemals etwas Gutes bringen. Sein Soldatenbild,
das bisher stolz und für jederman sichtbar in der Stube
an der Wand hing, verschwand daraufhin eines Tages in
irgendeiner Schublade.

Als der Krieg sich weiter ausdehnte, war er vollkommen verzweifelt. Er befürchtete, daß Hitler den Nichtangriffspakt mit Rußland brechen könnte und daß sich

bei seinen Söhnen sein eigenes selbsterlebtes Krieger-
schicksal in russischer Gefangenschaft wiederholen
könnte. Mittlerweile war er auch schon ziemlich krank.
Er starb im Frühjahr 1941.

Ende Juni 1941 marschierten deutsche Truppen in
Rußland ein. Der Nichtangriffspakt, der vor einiger Zeit
zwischen Deutschland und Rußland geschlossen wurde,
war gebrochen. Alle drei Söhne waren im Krieg, zwei
überlebten. Einer kehrte nie mehr zurück. Er blieb ver-
schollen.

Das plötzliche Wirtschaftswunder war gewiß eine
große von Hitler erbrachte Leistung, die bei seinem
Volk Bewunderung und Dank auslöste. Ein Teil der Ar-
beitslosen, für die es nun wieder Vollbeschäftigung und
Brot zum Leben gab, mußte allerdings seine Arbeits-
kraft der Rüstungsindustrie zur Verfügung stellen. Das
bedeutete aber keinesfalls noch etwas Schlechtes, denn
zur damaligen Zeit rüstete jeder Staat nach seinen Möglichkeiten militärisch auf. Leider aber gereichte Hitlers
Aufrüstung infolge seines Starrsinns und seines militä-
rischen Fehlverhaltens dem deutschen Volk nicht zum
Segen, sondern sie führte geradewegs ins Verderben
und Leid und brachte so vielen hoffnungsvollen jungen
Menschen den sicheren Tod auf dem Felde der Ehre,
wie es einst so schön hieß.
Wie man sehr viel später, nach Kriegsende, erfuhr,
wollte Stalin, der große Diktator, der in seinem Land
als unberechenbarer Gewalttäter und grenzenloser
Machthaber herrschte, der Millionen von Menschen
entweder hinrichten ließ oder aber in die sibirischen
Straflager schickte, wo sie elend zugrundegehen muß-

ten, den Einmarsch der Deutschen in sein Land gar nicht wahrhaben. Die Deutschen belieferten - so hieß es - die Russen mit Waffen und bekamen dafür Getreide aus der Ukraine. Stalin hatte große Angst vor Hitlers Kriegsmacht. Also wollte er keinen Krieg mit Deutschland.

Hitler sollte angeblich Schwierigkeiten verspürt haben, den Einmarsch seiner Truppen in Rußland - das Unternehmen „Barbarossa", wie es genannt wurde - vor seinem Volk zu rechtfertigen. Doch mit der Hilfe von Goebbels, dem redegewandten Propagandaminister, gelang es ihm, diesen Kriegsbeginn als Präventivmaßnahme vor einem zu erwartenden Überfall der russischen Truppen zu deklarieren. Seinen Maßnahmen unterschob er ebenfalls die große Missionsidee, den zerstörerischen Kräften des Kommunismus den Kampf anzusagen. So hatte er kaum Schwierigkeiten, seine autoritätsgläubigen Anhänger von der Sinnhaftigkeit seines kriegerischen Unterfangens zu überzeugen.

Anfangs sollen angeblich die deutschen Soldaten in der Ukraine sogar als Befreier von der Kolchosenwirtschaft begrüßt worden sein. Doch das war nur vorübergehend. Es wurde im Land der Russen nicht gegen oder für den Kommunismus gekämpft, sondern der Krieg wurde als Verteidigung des Vaterlandes gegen die einfallenden deutschen Truppen verstanden.

Kapitel 3

Die weiteren Briefe von Hans

Nun aber zurück zu Hans und zu seinem Antwortbrief:

Königsberg, am 29. X. 41

Liebe Luise!
Ich hätte heute eine ganz, ganz große Bitte an Dich, die zu erfüllen, Dir vielleicht etwas schwerfallen wird. Versuche bitte, alle unangenehmen Ereignisse, die zwischen uns vorgefallen sind, wirklich zu vergessen. Vielleicht gelingt es Dir dann doch, von mir das Bild eines nicht so sehr „vorbelasteten" Menschen zu gewinnen. Ich glaube doch zu fühlen und hoffe, mich darin nicht zu täuschen, daß wir beide uns nicht gleichgültig sind. Darum möchte ich Dir sagen, daß Deine netten Dankeszeilen mich sehr bewegten. Mitten im Krieg neben der vielen Arbeit und den vielen Sorgen sind solche Augenblicke der Freude besonders schön. Ich danke Dir ganz herzlich. Ich möchte Dir nochmals versichern, daß ich Dir die Pflanzen sehr gerne geschenkt habe. Es freut mich jetzt ganz besonders, daß die Mühe, die ich einst zur Anlage des Herbariums aufgewendet habe, nun so unerwartet und schön belohnt wurde.

Übrigens denke ich jetzt gern an die Zeit zurück, da ich als junger Mittelschüler sehr oft alle möglichen Wiesen, Hänge, Fluß- und Bachufer abkletterte, um Blumen zu sammeln, die mein Herbarium bereichern sollten. Die Pflanzen wurden dann unter primitiven Pressen (Tische, Schränke usw.) zwischen zwei Löschblättern ihres Lebens gänzlich beraubt. War alles gut gelungen, wurde das Endprodukt mit viel Sorgfalt eingeklebt und stolz bewundert. Hätte ich damals geahnt, daß diese Pflanzen vorausbestimmt waren, einer so reizenden und eifrigen Studentin Freude zu machen, hätte ich alles noch mit viel größerer Liebe ausgeführt. Doch nun genug von diesem dürren Gras. Es freut mich, daß es in so guten Händen ist.

Du schreibst, ich hätte nicht das richtige Bild von Dir. Ich glaube, auch Du kennst mich erst sehr wenig. Nach all dem, was zwischen Helga und mir vorgefallen ist, wie es Dir zur Kenntnis gebracht wurde, und wie Du daraufhin mir gegenüber reagiertest, hatte ich das Empfinden, daß Du mich nicht als „vollwertigen" und zu Deinem Wesen passenden Menschen ansehen würdest. Du machtest ja letztens in Wien eine Bemerkung wie „Minuspunkt" etc. Das stimmte mich sehr traurig, und der Gedanke daran, daß Du keine Achtung vor mir haben könntest, betrübt mich sehr. So bleibt mir nur noch zu hoffen übrig, daß Du Deine Meinung recht bald einmal zu meinen Gunsten ändern mögest. Am 1. XI. sollte es an die russische Front abgehen. Doch es wurde nichts daraus. So werde ich später dieses Ziel erreichen. - Vergiß' mich nicht!

Herzlichst
Hans

Und so ähnlich ging nun die Korrespondenz weiter:

K., 8. XI. 41

Liebe Luise!

Lach mich nicht aus, wenn ich Dir erzähle, daß ich heute nacht von Dir träumte und mit einem ganz seligen Gefühl aufwachte. Gekrönt wurde der Tag erst durch Deinen Brief aus Deiner Heimatstadt, wo Du das Gesundheitsamt aufsuchtest.

Als ich die ersten Zeilen las, erschrak ich ein wenig. Ich vermutete nämlich, Du wärest vielleicht gar beim Gesundheitsamt gewesen „von wegen" eines Ehetauglichkeitszeugnisses, um möglicherweise in der nächsten Zeit in den Stand der heiligen Ehe treten zu können. Gott sei Dank scheint dies aber doch nicht der Fall zu sein, und meine Angst war also unbegründet.

Über einen Satz Deines Briefes freute ich mich ganz besonders. Du schreibst: „Vielleicht wird es mir gar nicht so schwer fallen." An den Zusammenhang wirst Du Dich wohl noch erinnern. Ich danke Dir.

Luise, Du verstehst mich nicht, wenn Du meinst, ich hätte mich über den „Minuspunkt" geärgert. Nicht Ärger war es, was mich damals in Wien so sehr bewegte. Mir war vielmehr so, als hätte ich plötzlich etwas verloren, was mir sehr wertvoll und sehr wichtig für mich und mein Leben erschien. Es erfüllte mich mit großer Traurigkeit, von Dir nicht verstanden, ja sogar mißachtet worden zu sein. Vor Dir habe ich, seit wir uns kennen, große Achtung, und deshalb ist es mir auch ein ganz inniges Bedürfnis, von Dir einigermaßen geachtet zu werden. So möchte ich Dir nochmals ganz besonders für Deine lieben Zeilen danken.

Wir bekommen hier in letzter Zeit öfters Besuch von russischen Flugzeugen, trotz des fürchterlichen

Schlechtwetters. Da gibt's dann immer langen Fliegeralarm. Ich könnte eventuell von 15. XI. 41 bis 15. III.
42 auf Studienurlaub gehen. Aber da mein Grundsatz
ist, besser in Ehren unterzugehen als in Feigheit zu leben, ziehe ich es vor, meine Soldatenpflicht im russischen Feldheer zu erfüllen. Da von einem Untergang
aber keine Rede sein kann, denn Unkraut verdirbt nicht,
wird alles ein gutes Ende nehmen.

Bitte schreib bald wieder und sei herzlichst gegrüßt
von

Deinem Hans

In Beantwortung dieses Briefes hätte Luise zu gerne ge-
schrieben: „Komm nach Wien, nütze diese Chance für
Dich. Du wirst noch genug Gelegenheit haben, für Dein
Vaterland zu kämpfen! U.s.w."

Doch sie tat es nicht. Erstens war sie ein Kind der
damaligen Zeit, wohl überzeugt von allen diesen heute
so überholt und nutzlos erscheinenden Begriffen wie
Vaterlandsverteidigung und Pflichterfüllung dem Volk
und den Kameraden gegenüber und zweitens wollte sie
Hans in seiner Entscheidung nicht beeinflussen. So vermied sie im nächsten und in allen folgenden Briefen
jede Stellungnahme dazu.

Der Briefwechsel ging munter weiter:

K., 18. XI. 41

Liebe Luise!

Wenn ich abends, meist todmüde, ins Bett gehe, liege ich öfter noch eine Weile wach und meine Gedanken sind in Wien bei Dir. Ich freue mich so sehr, daß wir uns kennengelernt haben und bin besonders glücklich, weil ich große Achtung vor Dir haben kann. Sie gilt vor allem Deiner Aufrichtigkeit und Deinem oft so staunenswerten Mut. Es liegt mir noch so viel am Herzen, und ich möchte es Dir so gerne schreiben, doch da muß ich zwischen Deinen Zeilen herauslesen, daß Du meinen Briefen eigentlich keine allzu große Bedeutung beimißt. Du schließt sogar nicht aus, daß manches, was ich schreibe, ohnehin nur eine Komödie wäre. Glaube mir, Luise, nie hatte ich die geringste Absicht, Dir etwas vorzuspielen, was nicht wahr ist. Wie soll ich Dir das erklären - ich komme mir so hilflos vor. Ich werde mich bemühen, Dich überzeugen zu können, daß es doch noch Menschen gibt, die versuchen im Trubel der heute oft so leichtsinnigen Welt nicht unterzugehen, und daß ich zu diesen gehören möchte. Ich bitte Dich, glaube mir, was ich mit meinem Wort verbürge.

Deine Betrachtungen über das vermutete Ehetauglichkeitszeugnis bewegen sich aber in vollkommen falschen Bahnen. Ich erschrak einfach bei dem Gedanken, daß ich Dich verlieren könnte. Du sagst natürlich darauf: „Verlieren kann man - als Jurist solltest Du es wissen - nur, was man besitzt!" Übrigens nach juristischer Auffassung heiratet man auch nicht, wie Du so schön schreibst, um sich gegenseitig unglücklich zu machen, sondern um gemeinsam die Freuden des Lebens zu genießen und auch um gemeinsam seine Leiden zu tragen. Glaub' mir, wenn man beinahe 14 Jahre durch ständiges Unterwegssein kein vernünftiges Heim mehr hatte, hat man unendliche Sehnsucht danach. Unvorstellbar schön müßte es sein, und ich weiß, daß ich mich bestimmt bemühen werde, das Glück, dieses Glück, mit beiden Händen festzuhalten. - Du glaubst doch nicht wirklich, daß solche Gedanken „tolle Ideen" sind, und daß man auf solche Art seine Jugend wegwerfen könnte.

Darf ich Dir in Ermangelung Deiner gewünschten Landschaftsaufnahmen zur Ausstattung Deines Zimmers im Studentinnenheim einen allerdings gänzlich ungeeigneten Ersatz in Form eines kleinen Bildes von mir aus einem Königsberger Park geben? Wird Dich hoffentlich die Widmung auf der Rückseite nicht stören?!

Von uns Soldaten werden hier größtmöglichste Anstrengungen verlangt. Die Fliegerangriffe der Russen sind sehr häufig geworden, besonders in der Nacht, und nichts, auch nicht der schönste Traum, entbindet von der Verpflichtung, in den Keller zu wandern, wenn die Sirenen heulen. Sobald ich an die Front komme, ich weiß noch nicht wann, werde ich Dir viele lange Briefe schreiben, und Du wirst an mir einen guten Kriegsberichterstatter haben. Manchmal habe ich die Empfindung, daß irgendeine Macht meine Versetzung zum Feldheer verhindern möchte.

Wieder ist Fliegeralarm. So muß ich mich rasch verabschieden.

Mit innigen Grüßen
Hans

Hans in Königsberg, August 41
Die Widmung auf der Rückseite lautet: „Dein Hans"

Nun, Luise war jung und sie liebte Hans sehr und sie war glücklich über seine Briefe. Doch es war ihre volle Überzeugung, sich in jungen Jahren nicht durch eine Heirat an jemanden zu binden. Erst wollte sie ihr Studium beenden, das hielt sie für sich persönlich für sehr wichtig. Das also war der Grund ihrer sozusagen negativen Betrachtungen über die Ehe im Brief an Hans.

Diese einigermaßen negativen Betrachtungen von Luise über die Ehe waren nicht so ernst zu nehmen. Hans spürte das auch. Er wollte ihr nur als Antwort darauf seine persönlichen Ansichten mitteilen. Diese aber waren durchaus ernst zu nehmen.

Luises ablehnende Gedanken über die Ehe entsprangen in Wahrheit nur ihrem bestimmten Empfinden, daß sie sich vorläufig noch zu jung und seelisch nicht reif genug fühlte, um sich restlos einem einzigen Menschen anzuschließen. Sie liebte Hans sehr und war glücklich über seine Briefe und wahrscheinlich erhoffte sie sich für später nichts sehnlicher, als mit ihm gemeinsam durch dieses Leben zu gehen.

Vorläufig wünschte sie sich nur seine ungeteilte Liebe, alles andere würde sich später von selbst ergeben. Für sich persönlich hielt sie es außerdem von großer Wichtigkeit, ihr Berufsziel zu erreichen, um im Leben autark zu sein und um sich bei aller Liebe nicht zur Gänze einem Partner ausgeliefert zu wissen.

K., 30. XI. 41

Meine liebe Luise!

Trotzdem Du meinen Brief an Dich mit der Mahnung abgeschlossen hast, nicht gar zu viel von Dir zu träumen, widerfuhr mir dieses „Ungemach" in der vergangenen Nacht abermals. Es war ein herrlicher Traum, ich wollte gar nicht aufstehen sondern weiterträumen. Zu meiner großen Freude enttäuschte mich auch die nüchterne Wirklichkeit nicht. Ich erhielt nämlich am frühen Vormittag Deinen Brief.

Nun aber gleich zur sogenannten ganzen dunklen Angelegenheit! Luise, ich hätte Dir gewiß nie mehr geschrieben, nachdem wir uns kennengelernt haben, wäre ich nicht der Überzeugung gewesen, daß Dir das Wort Charakter in jeder Lebenslage heilig ist. Ich bin in den vergangenen Jahren viel herumgekommen und habe, ohne Pessimist zu sein, so manche Beobachtungen gemacht. Wenn ich mir öfters anhören mußte, wie man in sogenannten besseren Kreisen über das Verhältnis zwischen Mann und Frau denkt und danach auch handelt, war und bin ich entsetzt. Man hat da oft sehr merkwürdige Begriffe vom Glück, von einem sogenannten Glück ohne innere Befriedigung. Dagegen atmete ich förmlich wieder auf, wenn ich Gelegenheit hatte, zu beobachten, daß Treue und Ehrlichkeit mit weitaus schönerem bleibendem Lohne vergolten werden.

Luise, mein Eindruck von Dir ist, daß Du ebenso denkst wie ich und auch danach mit großer Konsequenz handelst. Dies rechne ich Dir sehr hoch an und vergesse dabei alle anderen Nebensächlichkeiten. Wir haben uns auf ungewöhnliche Art kennengelernt. Ich war immer fasziniert von Deiner Offenheit und Ehrlichkeit mir ge-

70

genüber und nicht zuletzt von Deinem Mut, das weißt Du.

Du wolltest doch nur Helga, mit der Dich eiserne Freundschaft verbindet, eine Freude machen, ihr helfen, mich wiederzusehen. Obwohl Du alles sehr geschickt angebahnt hast, mußte es einen anderen und nicht den gewünschten Verlauf nehmen. Das konntest Du aber nicht ahnen. Also kann ich beim besten Willen nicht nachteilig über Dich denken und bitte Dich, dies auch nie mehr über mich zu tun.

Wozu sich aber noch über Vergangenes den Kopf zerbrechen!? Ich freue mich jedenfalls von ganzem Herzen, daß alles so gekommen ist und wäre glücklich, wenn ich - solange ich weit entfernt von Wien sein werde - Deine Briefe nie missen müßte. Kannst Du mir dieses Versprechen geben?

Nun habe ich endgültig auf den Studienurlaub verzichtet. Mein allergrößter Wunsch wäre daher, jetzt sofort an die Front, alles einigermaßen gut überstehen und dann - Urlaub nach Wien zu Dir und mit Dir! Wenn es doch keine Macht gäbe, die mir diesen Plan und diesen Wunsch zerstören könnte.

Luise, wirst Du mir beistehen? Wirst Du mir helfen, dieses Ziel zu erreichen? - Es sollte also der Zweck dieses Briefes sein, Dir meine ehrliche Meinung über Dich und meine Vorstellung von alldem, was uns beide betrifft, zu sagen. Ob es mir gelang, mich Dir richtig mitzuteilen?

Derzeit lese ich Weinheber, „Wien wörtlich". Viele seiner Ausdrücke sind großartig. Sie rufen mir in der Fremde manche Erinnerung an Wien ins Gedächtnis zurück. Beispiele sind: „Bogauna[1], entere Gründ[2], dalkert[3], Gfraßt[4], Ghärtsi[5], Gwirkst[6], Ringelspü[7], Schinakel[8], Schmankerl[9], Schwü[10], Wetschina[11] usw."

Als ich zwei Jahre hindurch in Döbling in einem Studentenheim wohnte, kochte ich in Ermangelung größerer „Maxn"[12] meist selbst. Weinheber hätte die Ergebnisse meiner Kochkunst bestimmt stets als „Kaschernat"[13] bezeichnet.

Sei innigst gegrüßt von
Deinem Hans

Und nun einige weitere Ausschnitte aus den folgenden Briefen:

---

[1] Vgl.: Weinheber, Josef: Wien wörtlich, Gedichte. Hamburg 1972: Wiener Gericht, Mastschwein aus dem ungarischen Bakony-Wald

[2] Wiener Vororte

[3] einfältig

[4] minderer Mensch

[5] von „es gehört sich", richtiger Brauch

[6] Wurstelei, wienerisch: Wurschtelei

[7] Ringelspiel, Karussell

[8] kleines Ruderboot

[9] Gustostückchen

[10] Rausch

[11] Virginier, Zigarre

[12] heute würde man sagen „Kohle", also Geld

[13] Eintopf

8. 12. 41

Die Kriegserklärung Japans hat uns als Zuspeise zu unserem Kaschernat gerade noch gefehlt. Krieg, Krieg,
Krieg von allen Seiten, wie schrecklich! Ich hoffe und
freue mich trotzdem auf ein baldiges Kriegsende, das
doch spätestens gegen Ende des Jahres 1942 sein wird.
Und dann ... ! Darauf gibt unter anderem eben wieder
mein geliebter Weinheber in dem Gedicht „Die Wer-
bung" Antwort:

„Und dann - nicht daß ich reden will,
dann nimm ich mich erscht zsamm,
kein Spüln[14], kein Raukerl[15] und kein Schwül[16] -
so kann ich mir schon im Aprül
mein Puchrad ausglöst habn.

Am Samstag um Mittag wird alls
zum Weekend fertig gmacht.
Dann blädern[17] wir so von Hernals
bis ins Gsäus[18] - doch allenfalls
bis Purkersdorf, daß's kracht."

Dieses Gedicht ist zwar vom Inhalt her nicht auf mich
zugeschnitten, aber es ist einfach so herrlich wienerisch!

---

[14] Spielen

[15] etwas zum Rauchen

[16] s. Schwü: Rausch

[17] schnell fahren

[18] Gesäuse, Berggegend in der Steiermark

K., 15. XII. 41

Liebe Luise!
Meine Schwitzkur - Du weißt ja, daß ich ziemlich
krank war - hatte vollsten Erfolg. Obwohl es mir an jenem Abend schlecht erging, fühlte ich mich am nächsten Morgen wieder wohl. Leider folgte dann unser
Nachtlager im Freien. Wir lagen die Nacht hindurch auf
bloßem Boden, hatten keine Decken und froren alle
jämmerlich. Am folgenden Abend wiederholte ich meine Kur und konnte so einen kleinen Rückfall schnell
wieder gutmachen.

Ich hoffe, daß Du nun auch schon genesen bist und
wieder Deiner Arbeit nachgehen kannst. Bist Du denn
wirklich so unglücklich, weil Du während einiger Tage
Deine Pläne und Aufgaben nicht so ausführen konntest,
wie es Dein Wunsch gewesen wäre? Luise, das ist doch
weiter nicht so schlimm. Was sollen wir nichtaktiven
Soldaten sagen, die wir in dieser Beziehung nun schon
Jahre hindurch Opfer bringen müssen!

Die Jahre, in denen sich der Mensch in seiner Ju-
gendkraft so viel erarbeiten könnte, gehen für uns nutzlos dahin. Dieser Gedanke bringt mich manchmal fast
zur Verzweiflung. Natürlich bringen wir ja alle gerne
dieses Opfer für unsere Heimat, jedoch es steckt in jedem Menschen auch ein Selbsterhaltungstrieb, vielleicht ist es auch Egoismus, aber doch ein gesunder
Egoismus. Hoffen wir also weiter, daß dieser Krieg
bald zu Ende sein wird!

Nun bin ich schon lange in Königsberg und habe
mir, da ich der Einzige aus der Ostmark bin, die preußi-
sche Aussprache angewöhnt. Du darfst aber deshalb
nicht besorgt sein, daß ich für meine engere Heimat

nichts mehr übrig hätte. Wer erst in den gebahnten Wegen des Lebens gegangen ist, bestimmt und begrenzt durch die Ordnung, die Sitte, die Sprache und die Umgangsformen, die in seiner Heimat als langjährige Traditionen vererbt sind, und wer dann plötzlich als Einsamer unter Fremde geworfen wird, wo er sich durch eigene Kraft die Berechtigung zu leben jeden Tag aufs Neue erkämpfen muß, der erkennt ganz bestimmt den Segen aller dieser Kreise, welche seine Familie, seine Freunde, seine Kameraden und die Menschen seiner engeren Heimat bilden. Doppelt teuer werden ihm dann die Güter, in deren Besitz er aufgewachsen ist, vielleicht sogar die Vorurteile, die an seinem Leben hingen. So manches, was er sonst gleichgültig angesehen hätte, das wird dann sein höchstes Gut - und wenn es auch nur ein Wort von Weinheber ist.

Der langen Rede kurzer Sinn soll sein, ich liebe meine Heimat, in der ich geboren bin und in der ich aufwachsen durfte.

Viele recht herzliche Grüße
Dein Hans

K., 24. XII. 41

Liebe Luise!

Heute ist Hl. Abend! Mein Bursche organisierte einen kleinen Christbaum und ich schmückte ihn mit Engelshaar und Silberfäden. Vor einer Weile zündete ich die Kerzen an, schaltete das elektrische Licht ab und saß eine zeitlang in Gedanken versunken da. Ich dachte viel an Dich, mit wem und wo Du wohl Deine Weihnachten feiern magst, ob Du wohl auch ein wenig an mich denkst, usw. Schließlich nahm ich den Brief, den Du mir am 19. XII. schriebst und las ihn nochmals ganz sorgfältig durch. Ich freute und freue mich über jedes Wort, daß Du mir geschrieben hast. Doch zwischen den Zeilen las ich ein wenig von Deiner einstigen Einstellung mir gegenüber, die mich verstehen ließ, daß Dein leises Mißtrauen noch immer vorhanden ist. Wie sehr wünschte ich mir, von Dir wieder einen Brief zu bekommen, wie dieser damals war, als Du Dich für mein Herbarium bedanktest, einen Brief mit einigen, nein vielen lieben Worten und vielleicht sogar unterschrieben mit „Deine Luise". Damit hättest Du mir ein schönes Weihnachtsgeschenk gemacht. Wäre diese meine Bitte für Dich so schwer - vielleicht überhaupt nicht - zu erfüllen? Ich hätte mich auch riesig gefreut, im Stillen hatte ich es auch gehofft, von Dir zu Weihnachten ein Bild zu bekommen. Du hast doch sicher eines, das Du entbehren kannst. Ich aber wäre glücklich, einen treuen Begleiter zu haben, wenn es vielleicht schon in kurzer Zeit an die Front gehen wird. Dein Bild würde mich dann beschützen, sodaß nichts Schreckliches geschehen kann, wenn auch die Gefahren groß und vielseitig sein werden.

Du sollst nicht denken, daß mich nun plötzlich Feigheit überfällt, nein, bestimmt nicht. Aber manchmal denke ich mir, daß dieses Hin- und Hermorden im Krieg nicht der Sinn des menschlichen Daseins sein kann. Wenn dann einer im Krieg fallen muß, ganz gleich auf welcher Seite er steht, bleibt viel Leid zurück. Es weint eine Frau, ein Mädchen, eine Mutter, es weinen Kinder um ihn, und das eigene junge Leben ist für immer verloren. Natürlich ist mein Platz auf Deutschlands Seite, und wir alle müssen unsere Heimat verteidigen. Aber könnte es in der Völkerverständigung nicht doch etwas anderes geben, das keine Menschenopfer kostet? Wäre es nicht schön, wenn alle Menschen auf der Erde in Frieden miteinander leben könnten?

Nun, Luise, was ich Dir da schreibe, ist wahrscheinlich nur ein kleines Hirngespinst von mir, etwas, das auf dieser Welt nie verwirklicht werden wird. Kann doch - wie es so schön bei Schiller heißt - der Frömmste nicht in Frieden bleiben, wenn es dem bösen Nachbarn nicht gefällt. Nun, so will auch ich weiterhin frohen Mutes meine Pflicht dem Vaterland gegenüber erfüllen und fest hoffen, daß alles ein gutes Ende nehmen wird. Siehst Du, mit solchen Gedanken quält sich ein Soldat unterm Weihnachtsbaum ab.

Es ist mir mit Mühe und leider ein wenig Verspätung gelungen, das beiliegende Weihnachtsgeschenk für Dich ausfindig zu machen. Ich weiß nicht, ob es Dir Freude machen wird, ich hoffe es sehr und möchte jetzt so gerne Deine Gedanken kennen. Wir werden uns doch bestimmt wiedersehen! Wenn mir das gegönnt sein wird, so soll das kleine Geschenk mich bei Dir bis dahin vertreten, so gut dies eben mit Deiner Zustimmung, Deinem Willen und vor allem Deinen Gefühlen für mich möglich ist.

Luise, ich glaube, Du weißt und fühlst es genau, wie ich mir dies vorstelle. Vor einigen Tagen las ich von Bettina von Arnim:

„Das, was der Mensch will, darf er nicht sagen,
denn was das Herz verbirgt, das hat er gewiß.
Was er aber mitteilt, hat er nur noch zum Teil
und wohl am Ende wird es ihm ganz entrissen."

So will ich nun auch weiter nicht verraten, welch fromme Wünsche ich dem Ketterl mitgebe. Wird der Krieg es aber mit sich bringen, daß wir uns nie mehr wiedersehen können, so soll dieses kleine Geschenk für Dich eine Erinnerung an mich sein und bewirken, daß ich nicht als ganz verdorbener und unverbesserlicher Mensch - diesen Eindruck hattest Du ja anfangs von mir - in Deinem Gedächtnis ab und zu einmal auftauche, sondern daß ich einen klein wenig schöneren Platz in Deinem Herzen und in Deinem Leben einnehmen darf. Das waren jetzt schon Gedanken eines Soldaten zum Neujahr! Ich wünsche Dir alles erdenklich Gute für das kommende Jahr. Solltest Du zu einer Sylvesterfeier gehen, darf das Ketterl mitkommen, oder ...?

Seit einigen Tagen schneit es ständig. Die Kälte ist ziemlich arg. Vor Petersburg herrscht jetzt ein Frost von -35 Grad. Täglich kommen Soldaten von der Front zurück, deren Hände und Füße abgefroren sind. Wenn man dieses Elend so sieht, möchte man doch wirklich den Krieg lieber heute als morgen beendet wissen.

Hoffen wir auf ein glückliches 1942!

In Liebe

Dein Hans

K., 30. XII. 41

Liebe Luise!
Eben bekam ich Befehl, morgen früh in Richtung Mos-
kau abzufahren. Hoffentlich hast Du inzwischen meine
Post erhalten! Nun habe ich größte Eile, da ich noch al-
les packen muß. Leider habe ich keine Wintersachen.
Doch es muß auch so gehen. Bitte schreib mir nicht, be-
vor Du meine Anschrift weißt.
   Ich küsse und umarme Dich ganz innig.
   Dein Hans

2. Jänner 42

Liebe Luise!
Nach kurzem Aufenthalt in Warschau geht's heute weiter nach Rußland. Die Kälte, die mich jetzt dort erwartet, soll um -35 Grad sein. Also auf in den sonnigen Osten!
   In Treue
   Dein Hans

9. Jänner 42

Liebe Luise!
Endlich schnell wieder einige Zeilen! Nach langer Fahrt
in meist eiskalten Eisenbahnwägen bin ich nun nahe der
Front. Das letzte Stück wird sehr schwer werden, weil
ich ganz allein sein werde. Es sieht hier überall entsetzlich aus. Man kann es gar nicht beschreiben. Die Kälte
gibt uns noch den Rest. Trotzdem wollen wir nicht verzagen. Die unvorstellbaren Opfer werden gerne gebracht, weil wir alle von dem Glauben erfüllt sind, daß
wir siegen werden für unser Vaterland.
    Meine Anschrift kann ich Dir erst später schreiben.
    Denk an mich und vergiß mich nicht!
    Dein Hans

16. I. 42

Liebe Luise!
Heute war endlich wieder eine Nacht, in der ich in einem geheizten „Zimmer" schlafen konnte. Noch dazu brauchte ich nicht in irgendeiner Ecke zu kauern, sondern hatte ein richtiges Brett (nicht zu verwechseln mit Bett!), auf dem ich mich in meiner ganzen Länge ausstrecken konnte. Morgens erwachte ich mit einem glücklichen Gefühl. Ich hatte von Dir geträumt. Mit Dir zusammen war ich in Wien und dann in Deinem Heimatort. Es war so schön! Aber es war nur ein Traum und wird vorläufig nur ein Wunschtraum bleiben.

Über unser Leben hier könnte ich Dir unendlich viel erzählen, wenn dies nicht verboten wäre. - Alles steht unter dem Eindruck der riesigen Kälte (-35 bis -38 Grad). Das ist nun gerade das Wetter, bei dem die Russen ihre erbitterten Angriffe machen. Sie nützen dabei die heftigen Schneestürme aus, um in unsere Stellungen zu gelangen. Ungeheure Menschenmengen setzen sie ein und schrecken dabei vor den größten Verlusten nicht zurück. Jeder einzelne von ihnen ist zu unfaßbaren Grausamkeiten bereit. Es gelang in einigen Fällen festzustellen, wie deutsche Soldaten in russischer Gefangenschaft behandelt werden. Da ist wohl das Wort „Bestialität" viel zu mild. Jeder von uns hat den einzigen großen Wunsch, nicht in russische Gefangenschaft zu geraten. Alles andere wäre zu ertragen.

Die Leistungen jedes Soldaten hier an der Front sind nahezu märchenhaft und daher unvorstellbar. Daß man hier abends kein Licht hat, wenn man in seinem Loch sitzen darf, daß es kein Wasser gibt, um sich zu waschen, daß man immer die selbe Wäsche am Leib hat,

weil man einfach alles andere wegen Platzmangel wegwerfen muß, daß man schließlich immerzu friert, dies
alles sind nur kleine Übel, die man bald nicht mehr
empfindet, denn unsere Feinde sorgen gründlich für
Ablenkung. Nun, wir wissen aber alle, daß die Zeit
kommen wird, in der wir wieder bestimmen werden.
Zwei Monate müssen wir noch durchhalten. Dann wird
„General Winter" nichts mehr zu reden haben, und
dann wird die große Chance der Russen vorbei sein.
Dann wird es auch wieder Urlaub geben, dann, ja dann
werden wir beide uns wiedersehen ...! Morgen werde
ich Dir meine Feldpostnummer schreiben. Ich hoffe,
daß Dich mein Brief in 2 bis 3 Wochen erreichen wird.
Wenn Du mir gleich zurückschreibst, werde ich wohl
Deine Post noch Ende Februar erhalten. Schreibst Du
mir dann einen endlos langen Brief und vielleicht bald
darauf einen zweiten und einen dritten? Ich freue mich
doch schon so sehr darauf! Liebe Luise, bei Euch ist
jetzt Fasching. Ich wünsche Dir, daß Du neben Deinem
Studium auch Zeit zu netter Unterhaltung finden
kannst. Vergiß aber dabei bitte nicht, ab und zu oder oft
oder immer an „einen" Soldaten im fernen Rußland zu
denken, bitte! Sollte der Inhalt meiner Briefe manchmal
ein wenig verdreht sein, dann sei mir nicht böse. Man
hat hier wenig Ruhe, um rechte Gedanken fassen zu
können. Eben bombardieren russische Flieger wieder,
und schon sind auch unsere Jäger da. Dann schießt es
aus allen Richtungen. Dies alles ist wenig beruhigend.
Doch wenn man Glück hat, ist es auch nicht gefährlich.
Glück hat man aber nur, wenn in der Heimat jemand
ist, der fest und immerfort an einen denkt.

Tausend innige Grüße von
Deinem Hans

20. I. 42

Liebe Luise!
Anbei meine Anschrift! Darf ich mich jetzt freuen, bis
Mitte März einen (oder viele) Brief(e) von Dir zu be-
kommen? Ich hoffe und warte voller Sehnsucht!
    Herzlichst
    Dein Hans

26. I. 42

Liebe Luise!

Heute ist etwas Ruhe eingekehrt. Wir haben den Russen so zerschlagen, daß er für einige Zeit außer Gefecht gesetzt sein wird. Nun sitze ich wieder in meinem Erdloch, und mein Kerzenlicht wird noch für einige Minuten reichen. Unser Leben hier kann ich Dir aus verschiedenen Gründen gar nicht schildern. Walte Gott, daß wir einmal darüber reden können. Seit vielen Tagen ist unser Getränk Schneewasser, und die Nahrung besteht nur aus Konserven. Zuerst kommt eben die Munition, denn <u>die</u> ist hier unser Leben.

Die Russen greifen in unvorstellbaren Menschenmassen an. Meist sind sie besoffen und daher von tierischem Fanatismus getrieben. Man wirft sie sozusagen mit Unmengen von Alkohol ins Trommelfeuer. Wir kämpfen dann natürlich auch wie die Löwen und siegen - meistens?

Die Kälte (-30 Grad) setzt uns arg zu. Hier die Hoffnung auf ein gutes Ende nicht zu verlieren, ist manchmal hart und schwer. Eben schießt es schon wieder. Um meinen Bunker herum kracht es, daß man meinen müßte, dieser könnte jetzt und jetzt einstürzen. Natürlich muß ich nun hinaus, um nach dem „abendlichen Besuch" zu sehen. Ich vermisse Deine Briefe sehr. Schreibe mir bald und viel!

Innigst
Dein Hans

31. I. 42

Liebe Luise!
Und schon wieder meldet sich der Kriegsberichter-statter, denn der Russe läßt uns eben für einige Stunden - hoffentlich - in Ruhe. Unser Befinden ist nach wie vor gleich. Immer noch liegen wir in unseren prima Erdlöchern. Der Wind pfeift zur „Tür" herein, und draußen wacht unser „Freund Iwan", daß ja keiner von uns den Kopf hinausstecke! Der Gesprächsstoff der Bunkerbesatzung ist immer derselbe: Kriegserlebnisse, Essen (jeder hat ständig Hunger) und Post (viele Päckchen sollen unterwegs sein, doch keines kommt an). Von Urlaub, Ablösung und all dem Schönen in der Heimat wagt schon keiner mehr zu reden. Aber dennoch - wir wollen alle die Hoffnung darauf nicht aufgeben und unseren Mut nicht sinken lassen.

Du wirst ja im Rundfunk hören, daß die Kämpfe immer ziemlich schwer sind. Der Russe weiß, daß der Winter für ihn die große Chance ist, seine Lage zu verbessern. Er kämpft mit größtem Materialeinsatz und schreckt vor den ungeheuren Verlusten an Menschen nicht zurück. In und vor unserem Dorf liegen schon sicherlich weit mehr als hundert tote Russen aus den Kämpfen der letzten Tage. Man beachtet sie kaum mehr, wenn man seinen Weg gehen muß.

Dieser Krieg macht unsagbar hart. Sollten wir hoffentlich noch einmal in die Heimat zurückkehren dürfen, wird eine seelische Umstellung dringend vonnöten sein. Dennoch bin ich überzeugt, daß jeder wieder freudig und mit innerer Bereitschaft die Gewohnheiten und Sitten des friedlichen Lebens annehmen wird. Wäre es doch schon so weit!

Vorgestern mußte ich ein Stoßtruppunternehmen gegen einen feindlichen Bunker machen. Es gelang tadellos. Der Kommandant ließ mir seine Glückwünsche übermitteln. „Biceps Mars", so glaube ich, nennt man dieses Kriegsglück. Nun sind wir wenigstens gegen die Kälte gut ausgerüstet mit so manchen guten Stücken unserer Gegner.

Gestern hörten wir mit Begeisterung die großartige Führerrede im Reichssender Wien (300 m von den russischen Stellungen entfernt). Mit einem solchen Nachschub an Hoffnung und Zuversicht vergißt man vielleicht Hunger und Durst und so vieles andere.

Ich rechne fest damit, daß ich - wenn alles gut geht - Mitte oder Ende März die erste Post von Dir erhalten kann. Ich freue mich schon unendlich darauf. Ob Du wohl mein Weihnachtsgeschenk angenommen haben wirst? Oder vielleicht hast Du es gar nach Königsberg zurückgeschickt? Wird Dein nächster Brief ganz, ganz lieb sein? Wirst Du mir genau schreiben, wie es Dir geht, und wie jetzt das Leben in der Heimat ist, und ob Du auch oft an mich denkst? - Siehst Du, mit solchen Fragen quäle ich mich hier ab - Soldatenlos!

Und schon wieder herrscht große Unruhe. „Iwan" setzte eben einige Granaten dicht vor meinen Bunker. So meldet er meistens seinen Besuch an. Die Pflicht ruft, ich muß nachsehen.

Herzlichste Grüße von
Deinem Hans

8. II. 42

Liebe Luise!

Es ist Abend. Eben haben wir in unserem Bunker entdeckt, daß heute Sonntag ist. Der Anfang des Tages war wenig geeignet, in uns sonntägliche Stimmung aufkommen zu lassen. Kaum graute der Morgen, als man mir meldete, der Russe stelle sich im Walde zum Angriff bereit. Draußen herrschte heftiger Schneesturm - das Wetter unseres „Freundes". Die ganze Angelegenheit ging wieder gut aus, der Feind erreichte also sein Ziel nicht. Wir waren froh, als wir wieder in unsere Erdlöcher verschwinden und die erfrorenen Glieder etwas aufwärmen konnten.

Wenn man so einige Zeit im Paradies der Sowjets verbringt, bietet sich Tag für Tag Gelegenheit, sich vom Verbrechen der roten Machthaber an ihrem Volk zu überzeugen. Die Armut des weitaus größten Teils der Menschen ist so groß, daß es alle unsere Vorstellungen übertrifft. In den Dörfern herrscht überall unbeschreibliches Elend. Steinhäuser sind fast unbekannt. In den seltensten Fällen schlafen die Menschen in Betten. Meist liegt die ganze Familie zusammengepfercht auf dem Backofen. Da liegen die Jungen, die Alten, die Kranken usw. In der Stube sind oft auch die Schafe, Ziegen, Hühner und Schweine, da sonst kein Raum in den kleinen Blockhäusern ist, der genügend Schutz gegen die Kälte bieten könnte. Fast in jedem Haus, in dem ich war, habe ich bis jetzt dieselben Zustände und Gebräuche vorgefunden.

Die Armseligkeit der Wirtschaft übertrifft ebenfalls alle meine Erwartungen. Die Leute haben nichts, was ihnen selber gehört. Es fehlt daher auch jeder Eifer und jedes Pflichtgefühl bei der „Verwaltung" der ihnen anvertrauten Güter. Die Betriebe sind alle sehr verwahrlost. Der geistige Zustand des überwiegenden Teils der Einwohner ist ganz tief. Es fehlt hier auch jede Vorstellung von Hygiene. Dieser Umstand macht uns Soldaten den Aufenthalt zur Qual. Darüber könnte ich stundenlang reden, obgleich mir graut, daran auch nur zu denken. Vielleicht erzähle ich Dir später einmal mündlich vieles darüber.

Eines haben die Kremlmachthaber aber gründlich getan, nämlich gerüstet. Sie haben vor allem ungeheure Mengen von Waffen geschaffen, die in ihrer teuflischen Zerstörungsmacht unsere weit übertreffen. Sie haben auch viele Millionen Soldaten „herangebildet". Die soldatische Ausbildung bestand aber hauptsächlich darin, aus Menschen Bestien zu machen, ihnen beizubringen, wie man Menschen verstümmelt, usw. Den soldatischen Mut können die Sowjets wahrscheinlich nur so hervorrufen, daß vor jedem Angriff Unmengen Alkohol ausgegeben bzw. eingegeben werden, womit man dann die „Horden" losstürmen läßt.

Hier Luises Gedanken zu diesen Zeilen von Hans, als sie sie einige Zeit nach dem Krieg wieder einmal las:

Wie man später, als der Krieg aus war, erfahren hatte, wollten die Russen auf keinen Fall einen Krieg mit Deutschland. Außerdem wurde viel später erst bekannt, daß es genug militärische Führungskräfte auf deutscher Seite gab, die auf Hitler einwirken wollten, daß er über den Winter Waffenstillstand befehlen sollte, weil die Gegner wesentlich besser für diese Jahreszeit ausgestattet waren, und weil eben dieses Naturgeschehen wie Kälte, Schneestürme und anschließendes Tauwetter mit Überschwemmungen für die großdeutsche Armee sehr gefährlich werden konnte. Doch Hitler blieb unerbittlich in seinem unüberlegten Drang, vorwärts zu stürmen.

Hans schreibt weiter:

Nun aber genug der grausamen Dinge. Wahrscheinlich kannst Du jetzt ohnehin eine Nacht nicht schlafen, oder es werden Dich entsetzliche Träume verfolgen. Aber Du weißt ja, „Wess' das Herz voll ist, dess' geht der Mund über!" Demnächst folgt sicher ein schönerer Brief.

Inzwischen ist es Nacht geworden. Nachts muß ich immer wieder meine Stellungen abgehen, da zu dieser Zeit die Gefahr eines unerwünschten Besuchs besonders groß ist. Die Russen schleichen sich oft wie die Katzen heran in ihren weißen Schneehemden und plötzlich sind sie mit lautem „Hurra!" da.

Tag für Tag werde ich weiter geduldig auf Post von Dir warten. Wenn alles gut geht, kann mich Dein erster Brief Mitte März erreichen. Liebe Luise, studiere fleißig weiterhin. Laß Dich durch den Fasching nicht allzusehr ablenken und vergiß mich bitte nicht!

Herzlichst

Dein Hans,

der so sehr auf eine Nachricht von Dir wartet

Beim Lesen dieser Zeilen überfiel Luise ein recht eigenartiges Gefühl. Sie war jung, wollte sich unterhalten, wollte tanzen und fröhlich sein und gewiß nicht mehr! Das war doch auch ihr gutes Recht. Hans war an die Front gegangen - freiwillig! Ebensogut hätte er auf Studienurlaub kommen können. Sollte sie also nun auf ihr Jungsein, ihre Lebenslust ganz verzichten?

So rebellierte es eine Weile in ihrem Herzen. Doch dann verwarf sie ihre kleinmütigen Gedanken und schämte sich ob ihrer unbändigen Vergnügungssucht. - Natürlich hatte sie sich vom Fasching ablenken lassen - und wie! Luise und ihre Freundin Heidi hatten harte Wochen der Mühe und Plage hinter sich gebracht. Nun hatten sie wohl ein wenig Ablenkung nach den vielen Prüfungen dringend nötig. So gingen sie eines Abends aus, um den Fasching zu suchen. Und ehe sie sich's versahen, fanden sie ihn auch schon. Das war zu dieser Zeit völlig unproblematisch. Es gab genug Soldaten, die Studienurlaub hatten. Man lernte sich zwanglos kennen, man tanzte miteinander, man vergnügte sich, freute sich des jungen Lebens.

Doch dann - dieser Hausball in der Villa in Mauer! Eine Schar junger Leute war angeblich dazu eingeladen, aber die kamen alle nicht wegen des Schneesturms, der tobte, so hieß es wenigstens. Daher blieben Luise und Heidi mit den beiden jungen Hausherren allein. Jedoch an jenem Abend entdeckte Luises „Faschingsprinz" das Ketterl, das sie um den Hals trug. Es war das Weihnachtsgeschenk von Hans, ein zartes Ketterl mit einem zarten Herzanhänger mit der Gravur: „Weihnachten 1941 Hans", und so löste sich wieder alles in Wohlgefallen auf. Der Fasching war außerdem längst schon zu Ende, auch der Studienurlaub, und der Ernst des Lebens war wieder eingekehrt.

20. II. 42

Liebe Luise!
Da es in meinem Bunker zu ungemütlich wurde, grub
ich unter Aufwand aller mir zur Verfügung stehenden
Kräfte ein neues Erdloch. Gestern Abend war nun der
feierliche Einzug. Vorher kramte ich in einer Scheune
herum, um vielleicht noch brauchbare Einrichtungsge-
genstände zu finden. Kaum war ich etwa 20 m weg,
schlug dort ein Volltreffer eines schweren Granatwerfers ein. Wieder einmal dachte ich mir: „Glück muß
man haben" und: „Gott sei Dank, es ist noch einmal gut
gegangen."

Die erste Nacht in meinem neuen Bunker brachte
mir gleich eine Erkältung, weil ich jämmerlich fror. Ich
hoffe nun, daß die heutige Nacht besser wird, da ich
mich bemühte, mit Stroh, alten Fetzen usw. die Behausung etwas dichter zu machen. Die Einrichtungsgegen-
stände sind äußerst bescheiden, genügen aber doch meinen Anforderungen. Man wird hier unendlich genüg-
sam. Auch davon möchte ich Dir gerne einmal Ver-
schiedenes persönlich erzählen.

Wie sich der Russe bei uns verhält, hörst Du ja täglich im Wehrmachtsbericht des Rundfunks. Du weißt,
daß ich im mittleren Frontabschnitt bin. Mir selbst geht
es nach wie vor gut.

Wenn einmal von meinen Eltern die erste Lieferung
von Kerzen ankommt - Du weißt ja, daß sie unter anderem Kerzen herstellen - möchte ich Dir gerne wieder
lange Briefe schreiben. Hoffentlich gestatten es dann
auch die Umstände. Heute schicke ich Dir einen Zei-
tungsausschnitt, den ich zufällig fand. Sein Inhalt gefällt mir sehr gut. Es erinnert mich so sehr an uns, an

unser Kennenlernen, unsere kurzen gemeinsamen Stunden, an meine Freude, die ich damals empfand und an die bange Sorge um Dich, die mich hier auf allen meinen Wegen begleitet, weil Du doch so fern von mir bist. Wirst Du über mich lachen, weil ich Dir so etwas „Merkwürdiges" schicke oder wirst Du mich ganz verstehen? Ich möchte es so gerne wissen.

Wenn doch bald einmal Post von Dir käme! Genau zwei Monate bin ich nun schon ohne jede Nachricht von Dir!

Alles Liebe und innige Grüße von

Deinem Hans

7. III. 42

Liebe Luise!

Damit Du von mir doch einigermaßen laufend Nachricht hast, schreibe ich Dir jetzt rasch in den wenigen freien Minuten, die mir zur Verfügung stehen, einen kurzen Brief.

Das Wetter macht uns wieder viel zu schaffen. In der vergangenen Nacht ist die Temperatur abermals unter -30 Grad gesunken. Eine kleine Erwärmung würden wir bestimmt mit Freuden begrüßen.

Mir selbst geht es noch so halbwegs gut, Gott sei Dank! Seit einiger Zeit führe ich hier eine Kompanie. Daß die Sorgen und Arbeiten nicht gering sind, kannst Du dir wohl vorstellen. Ständig habe ich den Kopf so voll, daß ich oft nicht mehr weiß, was zuerst geschehen soll. Sehr schwer fiel es mir anfangs, die große Verantwortung für das Leben meiner Untergebenen zu tragen. Aber dies lernt man doch ziemlich rasch.

Ich hoffe, bald eine Kompanie zu haben, die nicht nur jetzt in der Verteidigung zu mir steht, sondern auch im Frühling wieder beweist, daß der deutsche Soldat seinen Mut und Angriffsgeist nicht verloren hat in der Erfüllung seiner Pflicht und um dem Kriegsende näher zu kommen.

Jetzt sind wir eben für einige Tage in Ruhestellung, um uns einmal waschen und um auch schlafen zu können. Ruhe ist allerdings bei uns ein sehr dehnbarer Begriff. Eben schlagen wieder einige Granaten ein, daß unser Bau erbebt. Man gewöhnt sich aber an solche Störungen.

Von Dir ist immer noch keine Post gekommen. Wahrscheinlich werde ich noch einige Wochen warten müssen. Dann aber wird die Freude ganz, ganz groß sein!

Tausend innige Grüße

Dein Hans

10. III. 42

Liebe Luise!
Eben erhielt ich zwei Briefe von Dir. Wenn ich Dir
sage, daß ich Dir tausendmal dafür danke, so ist das
wohl viel zu wenig. Es waren meine glücklichsten Augenblicke, seit ich hier in Rußland bin. Erstens waren
Deine Briefe überhaupt die erste Post, die ich bekam
und zweitens waren sie so geschrieben, wie ich es mir
so sehr ersehnte. Ich bin glücklich, daß Du dich über
mein Weihnachtsgeschenk gefreut hast und bin ebenso
glücklich über Dein Gegengeschenk, Deine lieben Zeilen und das nette Bild.

Leider wird es heute nur ein kurzer Brief. Der Russe
schießt wieder auf uns aus vollen Rohren. Mit allen
möglichen Geschützen ist er einige hundert Meter vor
dem Abschnitt meiner Kompanie aufgefahren und be-
pflastert uns nun nach allen Regeln der Kriegskunst. Es
ist reichlich ungemütlich hier, das will ich Dir nur sagen.

Gestern haben wir einen Russen gefangen genommen. Er sagte aus, daß sich 600 Russen vor uns zum
Angriff bereitstellen. Einzeln kamen sie bereits an, sie
machen dabei die tollsten Stücke. Bis auf 10 m krie-
chen sie unter dem hohen Schnee an unsere Stellungen
heran und versuchen dann, mit Handgranaten unsere
Besatzungen zu erledigen. Gott sei Dank erreichte bis
jetzt noch keiner dieses Ziel! Es ist alles ganz grausam.
Wenn nur die nächsten Nächte gut vorbeigehen. Wir
liegen hier im Wald, es ist stockfinster und es herrscht
ein ziemlich heftiger Schneesturm. Die Temperatur ist
leider wieder auf -35 Grad abgesunken. Hoffentlich
denkst Du fest an mich und an uns alle hier draußen.

Dann werden wir auch diese so harten Tage gut überstehen. Ich denke oft, sehr oft, an Dich.

Der Wirbel wird immer größer. Sämtliche Telefonapparate, die vor uns stehen, klingeln. Mit der Ruhe ist es also vorbei, und ich bin leicht nervös. Die Verantwortung ist jetzt für mich sehr groß.

Ich schreibe Dir gleich wieder, sobald es mir möglich ist. Für heute kann ich Dir nur noch tausendmal danken für Deine beiden Briefe.

Innigst
Dein Hans

14. III. 42

Liebe Luise!

Mit dieser netten Karte, gezeichnet von unserem Kompaniezeichner, will ich Dir frohe und glückliche Ostern wünschen. Wenn ich auf meinen Brettern unterwegs bin, endet die Fahrt meist anders als auf dieser Osterkarte. Es wartet nicht der gute Osterhase mit seinen vielen bunten Eiern!

Beim Abfahren der Stellungen meiner Kompanie gondle ich immer so 100 bis 200 m vor den Russen dahin. Sie gönnen mir das Vergnügen meistens nicht, sondern versuchen, mich mit Gewehren, Maschinengewehren usw. zu vertreiben. Da heißt es abschnallen und die Skier vor mir herschiebend am Bauche wegkriechen, bis sich eine schützende Mulde auftut. Wintersport von besonderem Reiz! - Tausend Dank für Dein liebes Bild im letzten Brief!

Einen Osterfriedenskuß von
Deinem Hans

Feldpostkarte zu Ostern 1942, Bildseite

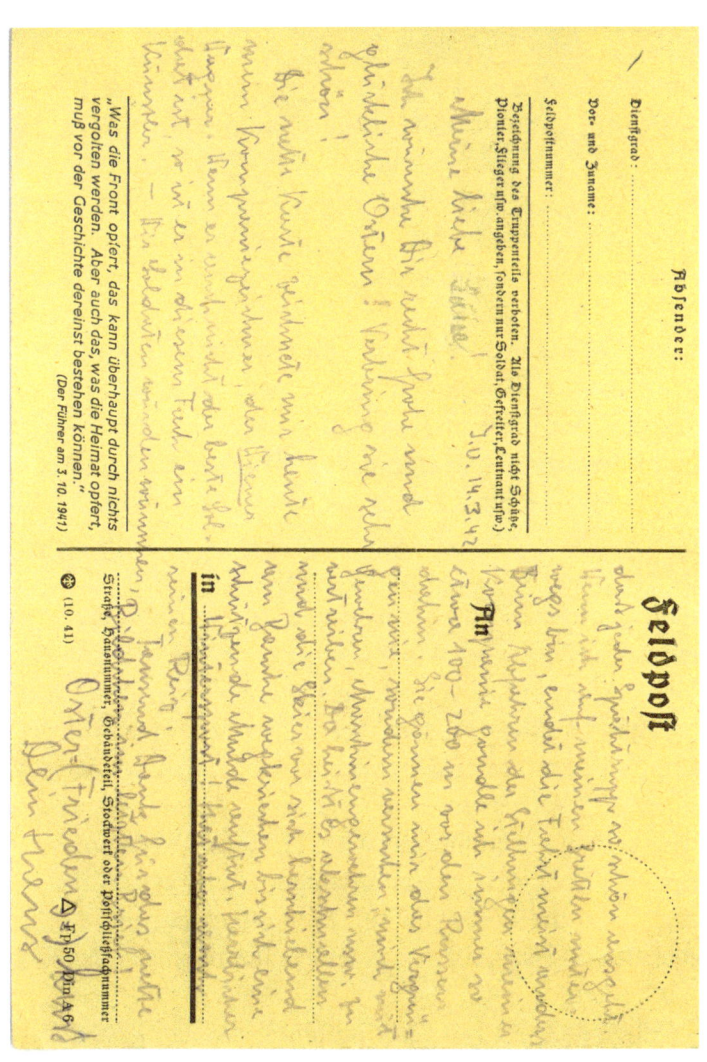

Feldpostkarte zu Ostern 1942, Textseite

25. III. 42

Liebe Luise!
Eben brachte man mir Deinen Brief vom 27. II. Ich freue mich wieder unsagbar darüber. Du hast so lieb und herzlich geschrieben, wie ich es mir schon immer gewünscht und ersehnt habe. Jede Zeile begrüße ich und jedes Wort und nichts, schon gar nichts betrachte ich als Sentimentalität oder Lächerlichkeit, wie Du vielleicht befürchtest. Das Bild von Dir gefällt mir ganz besonders gut und nimmt in meiner Behausung schon längst einen Ehrenplatz ein.

In unserer Beschäftigung hat sich nichts geändert, und ich habe eine Unmenge Arbeit und Sorgen. Die Verantwortung für das Leben einer Kompanie Soldaten ist groß und schwer. Immer wieder fragt man sich, ob man es nicht durch Bessermachen verhindern hätte können, wenn einer verwundet wird oder schon gar, wenn einer fallen muß. Arg ist das! Die nächsten Tage werden ganz schwer werden, besonders die Nächte in diesen Wäldern! Hoffentlich geht doch alles wieder gut vorbei! Der russische Winter mit Schnee in rauhen Mengen dauert immer noch an. Gestern riß ich auf meinen Skiern einen gewaltigen Stern und sauste ausgerechnet in die Wolga hinein. Zum Glück bewahrte mich die dicke Eisschicht vor einem kühlen Bad in den eisigen Fluten.

Eben meldete mir ein Zugführer, daß am gegenüberliegenden Waldrand ein Panzer stünde. Wenn dahinter vielleicht noch mehr stehen, kann das recht ungemütlich werden. So muß ich gleich hinaus, um alles zu erkunden.

Du schreibst unter anderem, daß Du bereits „uralt"

wärest. Schade, daß ich das nicht früher wußte. Da hätte ich Dich in Wien bestimmt nicht besucht und Dir auch nie wieder geschrieben. Jetzt kann ich wohl nicht mehr zurück! Doch es ist schon recht so, und ich fühle mich ganz, ganz glücklich. Weißt Du, wenn man selbst bereits ein „Greis" ist, wäre es ohnehin nicht gerade ratsam, ein junges Mädchen zur Frau zu haben!

Wenn hier die Blumen blühen werden, werde ich eine Kräutersammelaktion veranstalten, um Dein Herbarium mit russischen Pflanzen zu ergänzen.

Tausend innige Grüße

Dein Hans

An der Wolga, 10. IV. 42

Meine liebe Luise!
Wahrscheinlich wartest Du schon ungeduldig auf Nachricht von mir. Von Dir habe ich drei Briefe vom 5., 18. und 22. III. bekommen. Luise, am liebsten möchte ich mich gleich hinsetzen und Dir endlos lange Briefe zurückschreiben. Doch ich habe jetzt fast keine Freizeit. Manchmal, wenn ich ein paar Zeilen schreiben möchte und mich dazu in eine Ecke setze, dann kommt es vor, daß mir vor Müdigkeit die Augen zufallen.

Ich danke Dir für Deine Post. Man bringt mir Deine Briefe meist in den richtigen Augenblicken, und ich freue mich unendlich darüber. Du ahnst gar nicht, wie oft ich diese Deine Zeilen lese, wie ich manche Deiner Betrachtungen ganz fest in meine Seele aufnehme. Du schreibst so schön über wahre und aufrichtige Freundschaft. Als Soldat hier in der Stellung findet man echte Freundschaft in der schönsten Form. Es ist wirklich ein ganz fabelhaftes Zusammenhalten bis zum Äußersten. In dieser Hinsicht werden wir nach dem Krieg sehr verwöhnt sein.

Luise, liebe Luise, auf Deine Freundschaft und auf Deine Liebe vertraue ich eisern, Du weißt es doch. Wenn ich so in meinem Bunker sitze und über diese und jene Dinge, über Krieg und Frieden nachsinne, so verweile ich bei diesen Gedanken immer am liebsten. Wenn wir beide auch noch nie darüber sprechen konnten, so glaube ich, daß wir in all dem, was unsere Gemeinsamkeit anbelangt, vollkommen übereinstimmen. Du wirst doch sicherlich Deinen Grundsätzen treu bleiben, und ich werde mich dafür dankbar erweisen, sobald wir uns wiedersehen.

Luise hielt nun einen Augenblick lang inne beim Lesen dieser Zeilen. Sie dachte: ‚Hans schreibt von Dankbarkeit. Gerade das ist es, was ich keinesfalls haben möchte. Ich wünsche mir eine Liebe, die spontan aus seinem Herzen kommt und keinen Dank.

Doch diese meine Empfindungen will ich ihm vorerst lieber nicht mitteilen. Er meint es sicher gut mit seinen Worten und ich will diese lieber nicht in meinem Antwortbrief zerpflücken. Eines Tages wird er vor mir stehen, und ich werde mir alles, was und wie ich darüber denke, von der Seele reden.'

Der Brief von Hans geht folgendermaßen weiter:

Nun will ich mich ja nicht selber loben, doch weiß ich sicher, daß ich aus meiner frühesten Jugend ins hohe Alter ein wenig Charakterstärke herübergerettet habe. Deshalb fühle ich mich auch fähig, Dir ein aufrichtiger und allzeit verläßlicher Freund sein zu können.

Luise, es müßte herrlich mit uns werden! Allein das Gefühl, daß man sich aufeinander verlassen kann, bedeutet doch schon den halben Himmel auf Erden. Die gemeinsame Freude am Glück, das dadurch doppelt so schön wird und auch das gemeinsame Ertragen von Rückschlägen und Schwierigkeiten, die das Leben so mit sich bringen kann, die dann nur halb so schlimm sein werden - ich stelle mir dies alles so schön vor mit Dir! Manchmal wage ich es gar nicht, diese Gedanken zu Ende zu denken, weil ich mitten im schrecklichen Krieg an so viel Freude und Glück oft nicht mehr recht glauben kann.

Luise, liebe Luise, wirst Du mir helfen, dieses Ziel

dennoch zu erreichen!? - Du sollst auch nicht befürchten, daß wir durch diese Kriegskämpfe „jegliches menschliche Rühren" verlieren werden und verrohen. Wenn wir wieder in normalen Verhältnissen leben werden, dann werden wir uns gerne wieder zurechtfinden und so überglücklich sein, daß wir nicht mehr daran denken möchten, auch nur einmal noch rauhe Krieger zu spielen, denn ein jeder von uns hat inzwischen begriffen, daß der Krieg das Schrecklichste hier auf Erden ist.

Vorläufig träume ich von einem Urlaub mit Dir und bei Dir. Wenn wir dann zusammen sein werden, dann will ich Dich - mit Deiner Zustimmung natürlich - keine Sekunde allein lassen, selbst auf die Gefahr hin, daß eine Prüfung auf der Uni schief geht.

Der Frühling hält auch bei uns jetzt seinen Einzug. Leider bringt er mir viele Sorgen mit. Es steht alles unter Wasser, und die vielen herumliegenden toten Menschen und Pferde beginnen sich unangenehm bemerkbar zu machen. Der Schnee, der uns der feindlichen Sicht entzog, schmilzt schnell weg. Der Boden ist aber noch hart gefroren, sodaß wir keine Laufgräben machen können. Die Sache wäre halb so schlimm, wenn wir ungestört arbeiten könnten. „Herr Iwan" sorgt gründlich dafür, daß dies nicht möglich ist. Dennoch - wir werden und müssen es wieder schaffen!

In den letzten Tagen fühlte ich mich nicht ganz wohl. Erkältung mit 38.5 Grad Fieber. Da kam Dein Päckchen mit den Medikamenten. Ich begrüßte es fast als meinen Lebensretter. Hab Dank für alles, Luise, bleib auch Du tapfer! Du stehst jedenfalls als mein allerbester Freund, mein allerliebster Mensch täglich neben mir und gibst mir Kraft, durchzuhalten. In diesem grauenvollen Kriegsgeschehen ist es so wunderbar für mich, zu wissen, daß es Dich für mich gibt, daß Du mir schreibst und mit Deinen Gedanken und Gefühlen bei mir und um mich bist.

Am 12. III. wurde mir das EK II verliehen. Ich will es Dir nur mitteilen. Eine schwere Zeit liegt hinter uns. Verzeih, wenn heute meine Gedankenflut ein wenig durcheinander geraten ist. Schreib mir bald und recht, recht viel!

Innigst
Dein Hans

19. IV. 42

Meine liebe Luise!
Bei uns erstickt beinahe alles im Schlamm, deswegen streikt auch unsere Post seit einiger Zeit. Es fehlt mir daher auch jede Nachricht von Dir.

Der Frühling ist endgültig da. Er brachte viele unangenehme Folgen mit sich, wie ich Dir ja schon geschrieben habe. Manche unserer Bunker gleichen jedenfalls schon Wasserbehältern und es kostet viel Mühe, sich einigermaßen über Wasser zu halten. Herrlich wäre es, die schöne Frühlingssonne zu genießen. Doch leider fliegt da draußen sehr viel Eisen herum, und ohne zwingenden Grund steckt man daher den Kopf nicht aus seiner Behausung.

Unsere Ernährungsschwierigkeiten sind nun für einige Zeit behoben. Wo wir uns jetzt befinden, stand einmal ein größeres Dorf. Heute sind nur mehr ein paar halb zerschlagene Scheunen zu sehen. Alles andere ist durch Kriegseinwirkung zerfetzt oder verbrannt. Über die Ruinen schleichen, nun mit Spaten bewaffnet, unsere Unteroffiziere und Mannschaften. Es hat sich herausgestellt, daß die Russen, als die Deutschen nahten, der Erde ihre Schätze anvertrauten, also vergruben. Dies geschah zu Beginn des Winters. Aus dieser Vorratswirtschaft ziehen wir nun die Vorteile. So stehen jetzt auf unseren Speisekarten gebratenes Fleisch mit Kartoffeln und andere lang entbehrte Genüsse. Manche behaupten allerdings, das Fleisch, Fett usw. sei nicht mehr genießbar, es ist jedoch noch keiner daran gestorben. Zum Frühstück gibt es Kaffee, das ist Kaffeeersatz mit Schneewasser und selbstgebackenes Brot.

Außer Nahrungsmitteln birgt die Erde natürlich auch

noch andere Schätze, Stoffe, Uhren, Nähmaschinen etc. Doch das alles wird nach dem Ausgraben wieder irgenwo verstaut oder überhaupt gleich weggeworfen und ist auf diese Weise dem Untergang geweiht. Man darf nicht viel nachdenken, sonst kann man beinahe das alles nicht begreifen. Grausamer Krieg, aus Fleiß und Arbeit wird Verderben und Not!

Es ist jetzt 10 Uhr abends. Trotz des wunderbaren Sternenhimmels ist die Nacht ziemlich dunkel. Von nächtlicher Stille kann aber keine Rede sein. Im Gegenteil, schon wird der Lärm immer verrückter! Der Feind schießt herüber, und wir können ihm nichts schuldig bleiben. Solange man uns nicht persönlich besucht, sind wir halbwegs zufrieden. In der vergangenen Nacht wurde ein Russe gefangen genommen. Er gab an, vom Infanterieregiment 3036 zu sein. Das ist eine beachtlich hohe Zahl, ein wenig beängstigend hoch.

Doch nun soll es für heute genug sein vom schrecklichen Krieg. Wirst Du jetzt eine schlaflose Nacht haben? Ich könnte es gut verstehen. Doch, liebe Luise, es ist alles halb so schlimm, wenn man ein wenig Glück hat.

Wo und wie wirst Du Deine langen Sommerferien verbringen? Irgendwo im Einsatz? Wie herrlich wäre es, wenn wir gemeinsam den Sommer verleben könnten, wäre es auch nur als Magd und Knecht bei einem Bauern im Waldviertel als Erntehelfer! Wo immer Du auch sein wirst, vergiß mich nicht. Ich würde wirklich glücklich sein, wenn ich wüßte, daß Du mir diesen meinen großen Wunsch mit allem, was so drum und dran ist, erfüllen möchtest.

Lach mich bitte nicht aus, weil ich plötzlich von Sommerferien auf diese Gedanken komme und das noch dazu im April! Doch, was denkt der Soldat nicht alles in seinem Bunker!

Die Lage draußen wird immer ernster, so muß ich schließen. Meine liebe Luise, hoffentlich dauert es nicht mehr lange, bis ich endlich wieder freudestrahlend einen Brief von Dir in Händen halten werde. Vorausgesetzt daß dieses Stückchen Erde überhaupt noch Blumen hervorbringen kann, werde ich Dir demnächst die ersten russischen Frühlingsblumen „fachgerecht" gepreßt schicken.

Nimm tausend liebe Grüße und
einen innigen Frühlingskuß von
Deinem Hans

24. IV. 42

Meine liebe Luise!
Meine Briefe an Dich gebe ich meist einem Urlauber
mit, sodaß Du meine Post schneller bekommst.

Langsam beginnt der Verkehr wieder in diesem
überschwemmtem, weglosen Land, und damit steigt
auch meine Hoffnung auf Post von Dir.

Vor ein paar Tagen machte ich mit einigen meiner
Leute einen „Spaziergang" zu den Russen, um ihnen ein
paar für uns wichtige Dinge abzunehmen. Da alles gut
vorbeiging, und wir den Zweck erreicht hatten, meinte
unsere höhere Führung, daß man diese Expedition in
ähnlicher Form in der drauffolgenden Nacht wiederholen könnte. Obwohl ich sehr davon abgeraten hatte, erhielt ich dennoch schließlich den Befehl dazu. So zogen
wir wieder los und gerieten - ich ahnte es schon - in ein
Feuer, aus dem wir nur wie durch ein Wunder entka-
men. Der Russe überschüttete uns förmlich mit einem
Hagel von Granaten, so daß wir schon nicht mehr wußten, in welchem Erdloch wir Schutz und Rettung finden
könnten. Doch es ging alles noch einmal gut aus.

Leider wurde dabei einer meiner Zugsführer durch
Schulterdurchschuß und Kopfschuß verwundet. Wir
konnten ihn aber zurückschaffen und durch rasche Hilfe
jede Gefahr bannen. Wir beide haben uns allerdings
sehr schwer voneinander getrennt, denn wir waren
wirklich ein Herz und eine Seele geworden in all den
Tagen, Wochen und Monaten des Kampfes und der
Not. Außerdem verlor ich eine wichtige Stütze. Wir
hoffen aber, bald wieder zusammensein zu können,
denn unsere Lazarette sind gut ausgerüstet und heilen
ihre Patienten ziemlich rasch aus.

Dieser Zwischenfall soll Dir aber keinen Anlaß zur Besorgnis geben, bleibt doch für mich immer noch die Hoffnung, daß Unkraut nicht so schnell verdirbt. Natürlich wirst Du jetzt sofort sagen „Galgenhumor". Und ich kann Dir nicht einmal so sehr widersprechen.

Das Frühlingserwachen ist großartig. Man beginnt hier förmlich wieder ein wenig aufzuleben. Mein neuer Frühlingssport - wenn es möglich ist - ist Fischen. Doch bis jetzt reichte weder meine Geduld noch die Zeit zu einem Fang aus. Die Fische beißen ja doch nicht sofort an. Sie haben eben für das Fassungsvermögen und den Hunger von Soldatenmägen kein Verständnis. Außerdem fehlt ihnen anscheinend jede soldatische Erziehung, ansonsten würden sie der Aufforderung eines Vorgesetzten schneller Folge leisten. Doch lassen wir ihnen ihre Eigenart und ihre Freiheit. So wie sie sind, sind sie ohnehin viel besser dran als z.B. wir Menschen.

Wenn es nur einmal so weit wäre, daß es auch für uns Urlaub gäbe. Luise, Du ahnst nicht, wie sehr ich mich danach sehne und wie sehr ich mich darauf freue oder ahnst Du es doch?

Herzlichst
Dein Hans

Einen Tag später bekam Luise eine Feldpostkarte. Hans schickte ihr Grüße aus dem „Wolgakeller". Die Obrigkeiten saßen gemütlich in einem Bunker beisammen, um vorübergehend ihre Sorgen zu vergessen. Auf dieser Karte war links unter dem Raum für den Absender folgendes aufgedruckt:

„Das deutsche Volk ist sich bewußt, daß es dazu berufen ist, die gesamte Kulturwelt von den Gefahren des Bolschewismus zu retten und den Weg für einen wahren sozialen Aufstieg in Europa frei zu machen." (Aus der Note an die Sowjetregierung)

Da fuhr es Luise plötzlich durch den Sinn, wieso konnte es überhaupt zu diesem Krieg mit Rußland kommen, hatte doch Hitler mit Stalin einen Nichtangriffspakt geschlossen! Es fiel ihr ein, daß der Vater, bevor er starb, befürchtete, daß Hitler den Nichtangriffspakt brechen könnte, und so geschah es auch wirklich. Ein Zweifel an dem Sinn und der Ehrlichkeit dieser Politik bemächtigte sich ihrer. Auf einer anderen Feldpostkarte, die Hans ihr auf seiner Reise von Deutschland nach Rußland schickte, stand aufgedruckt:

„Was die Front opfert, das kann überhaupt durch nichts vergolten werden. Aber auch das, was die Heimat opfert, muß vor der Geschichte dereinst bestehen können." (Der Führer am 3. X. 1941)

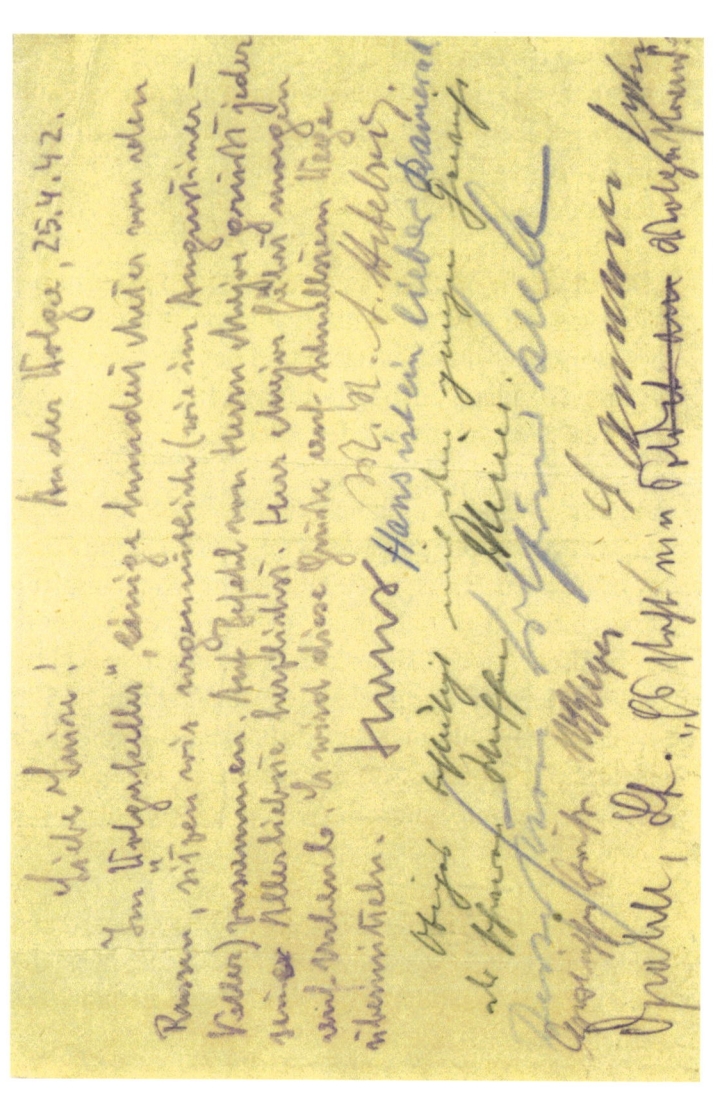

Grüße aus dem „Wolgakeller" vom 25.4.1942

Luise war sehr traurig. Die laufenden Kriegsberichte von Hans legten sich stark auf ihr Gemüt. Wenngleich sein Optimismus immer wieder in seinen Briefen durchbrach, so wußte sie doch genauestens Bescheid über die vielen Gefahren, denen er ausgesetzt war. Sie glaubte auch zu spüren, daß Hans trotz seines Mutes manchmal sicherlich den Sinn dieses Kriegsgemetzels und vor allem das siegreiche Ende in Frage stellte angesichts der Realität, der er ausgeliefert war.

Doch noch war Luise ein großer Optimist und so verwarf sie wieder ihre kleinmütigen Gedanken, setzte sich hin und schrieb weiterhin an Hans aufmunternde Briefe.

Und nun wieder ein Bericht von Hans:

1. Mai 42

Meine liebe Luise!

Heute ist 1. Mai. Es ist knapp 3 Uhr früh, und ich komme eben von einem Gang durch meine Stellungen zurück. Für unsere Begriffe herrscht heute draußen außergewöhnliche Ruhe. Ab und zu nur knattern einige Maschinengewehre, steigen da und dort ein paar Leuchtkugeln empor, oder es saust eine einsame Granate durch die Luft. Ob der Russe diesen seinen Feiertag auch in Ruhe begehen will oder ob er sich nur vorbereitet, um heute ganz große Taten zu vollbringen, können wir nicht ahnen. Er wird uns jedenfalls wie immer gut vorbereitet antreffen.

Heute ist übrigens eine so herrliche Mondnacht, wie ich sie in Rußland noch nie erlebte. Ganz deutlich konnte ich eine genau 7 km entfernte Kirche sehen, fast traute ich meinen Augen nicht. Die Temperatur sinkt nachts noch immer ziemlich tief ab. Der Boden ist hartgefroren, und die Tümpel und Teiche sind mit einer dünnen Eisdecke überzogen. Der Frühling hat hier einen harten Kampf mit dem Winter zu bestehen. Man findet noch keine Blume, kein Blatt auf den Bäumen und kein grünes Gras. Einige wenige Vögel haben es wohl versucht, mit ihren Frühlingsliedern zu beginnen. Doch durch die dauernde Schießerei gestört, zogen sie es anscheinend vor, in weiter hinten gelegenen Gebieten ihre Zuflucht zu nehmen.

Auch unser rauhes Kriegerherz bleibt dem Frühling nicht verschlossen. Sooft er aber eine leise Sehnsucht nach den herrlichen Landschaften unserer Heimat aufkeimen läßt, müssen wir ganz schnell aus unseren Träumereien erwachen, um nicht die Verbindung mit der

Wirklichkeit zu verlieren.

Über unser Tun und Treiben gibt es derzeit nicht viel Neues zu berichten. Daß es sogar in vorderster Linie nette, unterhaltsame Stunden geben kann, hast Du wohl aus der Karte vom 25. 4. entnommen. Solche kurze Feiern sind ganz seltene Ausnahmen und außerdem sind sie auch nicht ungefährlich. Es ist nicht ausgeschlossen, daß man plötzlich das Glas mit der Handgranate vertauschen muß.

Gestern hatte ich richtigen Ärger. Es ist hier ungemein schwer, eine noch heile Glasscheibe - wenn auch nur von bescheidener Größe - aufzutreiben. Dennoch gelang mir der große Fang. Sorgfältig wurde meine Scheibe in das inzwischen ausgehauene Loch an der Bunkerwand eingesetzt. Bewundernd stand ich vor dem vollendeten Werk und setzte mich dann hin, um bei diesem großartigen Licht meine schriftlichen Arbeiten zu erledigen.

Der Russe hatte inzwischen wieder begonnen, uns einige „schwere Brocken" zu schicken. Immer dichter kamen die Einschläge der Granaten an meinen Bunker heran. Plötzlich - ein mords Krach und meine geliebte Fensterscheibe flog mir, in viele kleine Teile zerlegt, entgegen. Eine Weile war ich todunglücklich, doch dann beruhigte ich mich wieder bei dem Gedanken: „Es hätte wahrhaftig schlimmer enden können!" Nun, man hängt hier eben an Kleinigkeiten. Je weniger man hat, desto mehr möchte man dieses Wenige behüten.

Gott sei Dank, daß ich in meinem Kummer schnell und ausreichend getröstet wurde. Einige Stunden später kam nämlich Dein von mir so ersehnter Brief (vom 3. April) und auch Dein Päckchen mit Briefpapier an. Daß ich mich über jede Zeile von Dir unendlich freue und eigentlich gar nicht genug Briefe von Dir bekommen kann, brauche ich wohl nicht mehr extra betonen. Du weißt es doch längst. Ich danke Dir von Herzen für alles Liebe, auch für das Briefpapier. Du erhältst es wieder, beschriftet von mir mit vielleicht auch manchmal wenig geistreichen Sätzen.

Ich möchte Dir ja so vieles sagen, auf dem Papier würde manches nicht richtig klingen. Deswegen wünsche ich mir sehnlichst, daß ich wenigstens ein paar Stunden aus diesem Krieg zurückkehre, um Dir alles das mitteilen zu können, was mich oft so sehr bewegt. Ich stelle es mir so schön vor und glaube auch fest daran, daß uns diese Freude beschieden sein wird.

Luise, bist Du nicht auch davon überzeugt, daß uns dann keine Macht der Welt mehr trennen kann? Für mich ist dies ja schon längst nicht mehr möglich, das verspreche ich Dir, meine liebe Luise. Daß ich aber auch an Deinem fabelhaften Charakter nie gezweifelt habe, das weißt Du ganz genau. Was man nicht schätzt und nicht haben möchte, darum kämpft man auch nicht. Es wurden aber doch zwischen uns „wilde" Kämpfe in seelischer Hinsicht ausgetragen. Ich stand dabei oft große Angst aus, wenn ich es auch nicht merken ließ.

Nochmals, was möchte ich Dir nicht noch alles sagen! Auf dem Papier würde es sich aber so leer und kühl anhören. Ich kann Dir dabei doch nicht in die Augen schauen, Dir die Hand fest drücken und - so richtig glücklich sein. Die Zeit dazu wird und muß kommen.

Luise, versprich mir bitte, auf mich zu warten. Wenn die Kämpfe des Sommers vorbei sein werden, wird es auch für mich Urlaub geben. - Sollte aber plötzlich kein Brief mehr von mir kommen, vergiß mich nicht ganz in Deinem Leben hier auf dieser Welt, darum bitte ich

Dich von Herzen. Wir werden uns in einer anderen Welt die Hände reichen ...!

Weinheber - „Doktor honoris causa" - ist ja großartig! Ich freue mich. Ich danke Dir auch für die „Bewegung". Sich für einige Minuten in die schöne Studienzeit zurückversetzen zu können. - wenn auch nur mit dieser Deiner Zeitung - bedeutet eine große Freude für mich.

Hiermit beende ich meinen ersten Luftfeldpostbrief. Hoffentlich erreicht er Dich ganz schnell.

Tausend liebe und innige Grüße von

Deinem Hans

2. V. 42

Meine liebe Luise!
Kurze Zeit, nachdem ich gestern meinen Brief an Dich absandte, erhielt ich Deinen Brief vom 19. IV. Die Freude darüber war wie immer ganz groß. Wenn ein Brief von Dir eintrifft, stürze ich mich förmlich drauf los und ich glaube, daß nicht einmal ein Alarm mich davon abhalten könnte, wenigstens ein paar Zeilen Deines Schreibens zu erhaschen.

Ich will, bei Gott, nicht klagen, doch es hat mir beinahe ein wenig weh getan, daß Du mir diesmal weniger als sonst geschrieben hast und daß Du mir - wie Du schreibst - heute ein wenig Zeit lassen willst, um manches, was Du mir bisher geschrieben hast, besser zu verdauen. Luise, Du weißt doch, was mir Deine Briefe bedeuten. Sie sind mir soviel wert, daß nichts anderes sie mir ersetzen kann. Auch Deine Angst, die Zeit zur Durchführung Deines Sonntagsprogrammes würde Dir zu kurz werden, kann ich nicht ganz verstehen.

Der Abschluß des Briefes ist ein alleinstehendes Wort, nämlich „Luise". Was ist geschehen? Hoffentlich mache ich mir zu Unrecht ein wenig Sorgen. Vielleicht hast Du vor lauter Eile das Wörtchen „Deine" nur vergessen.

Weitaus glücklicher war ich ja, als ich Deinen Brief vom 27. März bekam, in dem Du mir Dein großes Geheimnis verraten hast. Ich freue mich so sehr, das richtige Weihnachtsgeschenk für Dich getroffen zu haben. Du kannst überzeugt sein, daß ich Dir dieses Ketterl mit dem kleinen Anhänger und der Gravur nicht aus einer plötzlichen Laune heraus geschickt habe. Lange und gut habe ich mir mein Vorhaben überlegt. Ich kann Dir auch heute verraten, daß es nicht einfach war, das kleine Geschenk, so wie ich es mir vorstellte, zu bekommen. Bei meiner Kompanie in Königsberg war damals ein Wiener Goldschmied. Obwohl dieser erst anfangs November Urlaub hatte, schickte ich ihn im Dezember wieder nach Wien. Nur so gelang es mir, da ich ja kein Altgold besaß, das Gewünschte zu erlangen. In Königsberg wäre mir das gänzlich unmöglich gewesen.

Luise, darfst Du jetzt noch von „Laune" sprechen. Es war auch nicht „Aufmerksamkeit". Weißt Du, was es wirklich war, was mich dazu bewegte? - Du wirst es nicht erraten. Also will ich Dich nicht länger auf die Folter spannen, sondern Dir mein Geheimnis mitteilen. Es war die ganz große Liebe zu meiner kleinen Luise, „klein" meine ich natürlich nur im übertragenen Sinne. Das Ketterl sollte sie aus ihren ewigen Zweifeln aufrütteln. Ob es wohl seinen Zweck erfüllt hat? Inzwischen hat sich viel verändert. Ich bin hier in Rußland und kann Dir nur im Briefe sagen, was ich denke und fühle. Eines ist aber gleich geblieben oder noch größer geworden, nämlich das für mich so beglückende Gefühl meiner Liebe zu Dir.

Eine alte Frau sagte einmal zu mir: „Wirklich lieben kann man nur einen Menschen, den man achtet." In meinem Fall heißt das also, eine Frau die ich achte. Darüber habe ich oft nachgedacht und ich habe mir diesen Ausdruck sozusagen zur Maxime gemacht. Wir beide hatten wenig Gelegenheit, uns gegenseitig genauer kennenzulernen. Die Umstände unserer Begegnungen waren denkbar ungünstig. Und dennoch glaube ich, schon sehr viel von Dir, über Dich und Dein für mich so eindrucksvolles Wesen zu wissen.

Ich bin so froh, daß wir einander begegnet sind. Oft

schon habe ich darüber nachgedacht, wie ich wohl so manches Schwere, Harte und Grauenvolle hier im Krieg überstehen könnte ohne Dich, ohne Deine Zuwendung, ohne Deine Briefe und ohne den Glauben an Dich.

Innigst
Dein Hans

6. V. 42

Meine liebe Luise!

In aller Eile will ich Dir noch einige Zeilen schreiben. Kaum bin ich nämlich mit meiner Kompanie in der neuen Stellung, heißt es schon wieder weiterziehen. Nach den vorliegenden Meldungen erwartet uns ein „schöner " Empfang. Draußen weht ein heftiger Sturm. Die ganze Landschaft ist seit einigen Stunden wieder weiß. Der Schnee peitscht einem ins Gesicht. Ob es hier wohl nie mehr richtig Frühling werden will?

Möglicherweise wirst Du jetzt längere Zeit keine Post von mir bekommen. Ich schreibe Dir aber gleich wieder, sobald es möglich ist.

Jetzt muß ich meinen Brief beenden, denn gleich geht's hinaus in die Natur, die heute sehr erregt ist - das richtige Soldatenwetter. Als ich noch Rekrut war, hatten wir einmal eine Übung bei sehr schlechtem Wetter. Als unser Leutnant unser leises Schimpfen vernahm, sagte er: „Das ist doch Soldatenwetter. Wenn es schön ist, gehen auch die Englischen Fräulein (wie Du weißt, ist in Krems so ein Institut) spazieren." An diese Worte zu denken, habe ich hier oft Gelegenheit.

Wenn meine Getreuen nun bei langen Märschen - Voraussetzung ist Schönwetter - murren, tröste ich sie mit den Worten: „Schlimm wäre es erst, wenn es dazu noch regnen würde." Regnet es, so sage ich: „Seid doch froh, daß nicht geschossen wird!" Schießt es noch dazu, dann gibt es keinen allgemeinen Trost mehr. Da muß schon jeder mit sich selber fertig werden. Wohl die meisten von uns allen denken dann: „Daheim ist ein geliebter Mensch, der an mich denkt und auf mich wartet. Ich muß und werde wieder alles überstehen!"

Luise, nun siehst Du, wo alle Gedanken von uns „Ostkämpfern" enden.
Schnell einen Kuß von
Deinem Hans

15. V. 42

Meine liebe Luise!

Nach einigen bewegten Tagen habe ich endlich wieder Gelegenheit und Muße, meiner liebsten Beschäftigung nachzugehen, nämlich Dir zu schreiben. Bei uns gab es in den letzten Tagen viel Abwechslung. Auf unserem Marsch berührten wir ein Stück „Rollbahn", die Autostraße der Russen. Stell Dir einen Sturzacker bei uns daheim im Frühling vor. So ungefähr sieht die russische Autofahrbahn aus. Fußgänger können sich darauf nur schwer, Fahrzeuge überhaupt nicht fortbewegen. Diese ziehen es vor, auf den Feldern und Wiesen links und rechts von der Straße zu fahren. Da kommen sie jedenfalls besser vorwärts. Das Wetter ist kalt und regnerisch.

Hier ist gar nicht Grünes zu sehen, auch keine Frühlingsblumen. Die meisten Bäume sind tot. Sie strecken nur noch einige zerfetzte Äste von sich weg. Die Felder sind nicht bebaut, sondern mit Granatsplittern überseht. Ein Land des Todes! Allein bei diesem Anblick könnte man schon verzweifeln.

Nun, wir bringen etwas Leben in diese unglückselige Einsamkeit oder, besser gesagt, wir Unglückseligen bringen Leben in diese Einsamkeit. Auf beiden Seiten wird viel geschossen mit mehr oder weniger Erfolg. Anscheinend ist die russische Heeresleitung mit den uns gegenüber liegenden Truppen nicht mehr zufrieden. Morgen sollen diese - nach Aussagen von Überläufern - durch eine aktive sibirische Panzerdivision abgelöst werden. Sie soll uns besiegen. Ob sie es schafft, bleibt noch abzuwarten. Noch sind wir vom Gegenteil überzeugt.

Unsere Kleidung ist so von Lehm beschmutzt, daß eine Tarnung bald überflüssig sein wird. Wenn ich früher öfters durch die heimatlichen Gefilde wandelte und sah, wie ein Schwein mit seinen Jungen sich im tiefsten Kot am wohlsten fühlte, habe ich mich gewundert. Jetzt machen wir, die wir uns Menschen nennen, eigentlich das Gleiche. Allerdings fühlen wir uns nicht so wohl und wir stecken den Rüssel nicht in die Erde hinein, sondern „küssen" diese höchstens, wenn wir „flachgehen" (= uns hinlegen). Schade, daß dieses abwechslungsreiche Spiel nicht immer ungefährlich ist.

Von Dir habe ich leider schon länger keine Nachricht mehr.

16. V. 42

Eben hat sich etwas ganz Freudiges ereignet, ein Brief von Dir kam an, mit etwas Verspätung (vom 10. IV.). Eine Botschaft von Dir ist für mich immer eine ganz große Freude und wird mit offenen Armen aufgenommen, gerade so, als ob Du selbst zu mir kämest.

Du hast also die Osterferien schön und glücklich verbracht - ich freue mich mit Dir. Deine Begeisterung für Deine engere Heimat kann ich gut verstehen. Auch ich hatte immer ähnliche Gefühle, wenn ich einige Tage bei meinen Eltern verbringen durfte. Du weißt ja wohl, daß mein Waldviertel an Naturschönheiten nicht gar so reich ist. Trotzdem liebe ich es und freue mich immer wieder, wenn ich alle meine in der frühesten Jugend so liebgewonnen Stätten wiedersehen kann.

17. V.

Jetzt habe ich eben eine Weile geträumt, wie schön es gewesen wäre, wenn ich einige Tage Deiner Osterferien mit Dir verbringen hätte dürfen. Luise, es wäre wirklich unendlich schön gewesen, und nichts hätte diese Freude trüben können. Wie sehne ich mich so sehr danach, einmal richtig glücklich sein zu können. Wahres Glück zu zweien, wenn diese ganz aufeinander vertrauen, das müßte doch so schön sein!

Ich kann diese meine Gedanken hier gar nicht zu Ende denken. Die harte Wirklichkeit des Krieges steht doch immerzu vor mir mit der Forderung, zuerst die Soldatenpflicht zu erfüllen und erst dann an die persönlichen Anliegen und Wünsche zu denken. ....

Eben geht wieder eine verrückte Schießerei los, der Himmel ist von unseren Leuchtkugeln hell erleuchtet. Es ist 2 Uhr nachts. Morgen werde ich weiterschreiben.

18. V.
Am 15. habe ich diesen Brief begonnen, und heute ist schon der 18. V. An jedem Tag konnte ich nur einige Zeilen schreiben und mußte dann immer wieder unterbrechen. - Heute kam ein Päckchen von Dir mit lauter Sachen, die ich gut gebrauchen kann. Hab' herzlichen Dank für Deine liebevolle Fürsorge. In einigen Stunden schicke ich einen Urlauber nach Ostpreußen. So wirst Du diesen Brief bald bekommen.

Ich habe jetzt immer eine Menge Sorgen, die ich Dir gar nicht schreiben darf. Wenn ich dabei in Versuchung komme, den Kopf hängen zu lassen, und dann gerade ein Brief von Dir eintrifft, geht es mir gleich wieder besser. Wir wissen alle hier, daß harte Wochen und Monate kommen werden, doch wir wollen den Glauben an ein gutes Ende nicht verlieren.

Du bist ja inzwischen auch nicht untätig. Wenn uns doch einmal nach Erfüllung unserer Aufgaben einige gemeinsame Ruhetage gegönnt sein werden, dann wollen wir alles Versäumte, alles, wovon wir jetzt nur träumen dürfen, nachholen!!!

Tausend liebe Grüße
Dein Hans

23. V. 42

Meine liebe Luise!
Dein Brief vom 3. Mai ließ mein Blut für Augenblicke
in den Adern stocken. Du tadelst mich beinahe ein wenig, ich würde mich von Launen unterkriegen lassen
und an meinen schuldlosen Landsern meinem Ärger
Luft machen, wenn ich längere Zeit keine Post von Dir
bekomme.

Luise, Du hast meinen Brief von damals nicht richtig
verstanden. Du wirst wohl einsehen, daß es mich nicht
gleichgültig läßt, wenn lange von Dir keine Post
kommt. Verdrießlich bin ich aber deshalb nicht. Es be-
mächtigt sich allerdings dann meiner ein Gefühl, das
ich eher als Wehmut oder Traurigkeit bezeichnen
möchte. Ich komme mir dann eben irgendwie verlassen
vor. - Wenn ich dann meine Landser in ihren Gräben
und Löchern besuche, kann es sein, daß ich gerade nicht
die aufmunternden und frohen Worte finden kann, wie
sie es von mir gewöhnt sind. Von „Ärger Luft machen"
kann aber keine Rede sein.

Wir haben alle mitsammen eine schwere Zeit durch-
lebt, die übermenschliche Anforderungen an uns stellte.
Es wagte damals keiner mehr zu hoffen, diesen Kampf
durchhalten zu können. Dennoch gelang es, und dadurch wurden wir zu einer Gemeinschaft zusammen-ge-
schweißt, in der einer für den andern immer da sein
wird. Ich bin zwar der Vorgesetzte meiner Landser, es
würde aber keinem einfallen, mir meine Aufgaben noch
schwerer zu machen, es hilft mir vielmehr jeder nach
seinen Kräften. Wir wurden in der Not Freunde im
wahrsten Sinne des Wortes. Und ich weiß auch, daß
mich jeder der Meinen aus dem ärgsten Feuer herausho-

len würde, wenn ich verwundet liegen bliebe.

Der langen Rede kurzer Sinn soll sein: Bitte, liebe Luise, lies meinen Brief von damals nochmals durch und Du wirst mein Sündenregister wieder in Ordnung bringen können. Ein Gedanke soll Dich erfüllen und beruhigen: Diejenigen, die in Rußland unter manchen Entbehrungen und grausamsten Bedingungen ihr Leben einsetzen, um ihrer Heimat unendliche Leiden zu ersparen, können wahrhaftig nicht die schlechtesten sein.

Morgen ist Pfingstsonntag. Anzeichen sprechen dafür, daß wir wieder stärkere Angriffe an diesem Tag zu erwarten haben. Weihnachten (wie ich hörte) und Ostern (wie ich erlebte) waren Beginn heftiger Kämpfe, und es ist zu erwarten, daß unser Gegner versucht, den Pfingstsonntag ebenso einzuleiten. Heute wurde leider ein Zugführer verwundet. Gestern erschlug eine Granate meine drei besten Pferde. Wir müssen neue Pferde „erobern". In einigen Tagen geht es weiter, und unsere motorlosen Wägen rollen halt nicht durch eigene Kraft. In diesem Feldzug geschehen trotz allem immer wieder Wunder.

Die Pflanzensammel- und Preßaktion ist trotz Feindeinwirkung in vollstem Gange. Bis jetzt habe ich schon 8 verschiedene Blümelein gefunden, die im Begriffe sind, unter dem Druck schwerer Patronenkästen zu Heu zu werden. Schön aufgeklebt, mit deutscher und - soweit mein Wissen noch reicht - auch mit lateinischer Beschriftung werden sie in die Heimat wandern, in der Hoffnung, einen Ehrenplatz in Deinem Herbarium einnehmen zu dürfen. Der Russe bringt für mein Sammeln leider wenig Verständnis auf. Sooft er mich erblickt, wenn ich einer schönen Blume zukrieche, gibt er „Störungsfeuer" ab. Doch bis jetzt gelang es ihm nie, mein

Vorhaben zu vereiteln. Die erste „Lieferung" geht wahrscheinlich oder vielleicht schon morgen ab.

Ich danke Dir sehr für die herrlichen Karten aus dem Salzburgerland. Darf ich Dich heute schon bitten, mich gleich bei Kriegsende bei einer Fahrt in dieses Paradies zu begleiten? So gerne möchte ich diese herrlichen Berge wiedersehen. Wenn ich während meiner Gymnasialzeit in den Ferien die Gegenden so „abradelte", fehlte mir meistens infolge allzu müder Beine die Kraft, die zahllosen Naturschönheiten richtig zu sehen und zu bewundern.

Also Dein Brief war eigentlich zu Beginn ein wenig zu hart für mich. Nach der Einleitung, gegen deren Inhalt ich mich am Anfang dieses Briefes hinreichend verteidigte, folgten von Dir viele liebe Worte. Das arme, einsame Soldatenherz begann gleich wieder höher zu schlagen. Die Umstände, unter denen ich den Brief erhielt, waren nur etwas ungünstig. Kaum hatte ich jene Einleitung gelesen, mußte ich aufhören und konnte erst nach ca. drei Stunden weiterlesen. Es waren schlimme Stunden. Nachher benützte ich die nächste kurze Gelegenheit, um wenigstens schnell noch einige Zeilen zu erhaschen. Erst viel später konnte ich den Brief zu Ende lesen. Ich danke Dir für alle lieben Worte und versteh mich, bitte, und schreib ganz bald wieder.

Schnell muß ich Dir noch etwas schreiben, worüber ich heute köstlich lachen konnte. Kurze Vorgeschichte: Die ca. 30 m lange Strecke von meinem Gefechtsstand zum „W.C." liegt meist unter heftigem Beschuß, sodaß man nur in Sprüngen dorthin gelangen kann. So schaufelte heute einer meiner Fernsprecher einen Graben. Als er fertig war, und ich mir sein Werk beäugte, fragte ich ihn, ob er den Graben denn schon für tief genug hielt.

Seine Antwort: „Ich betrachte alles vom Standpunkt der Verleihung von Orden und Ehrenzeichen. Wer das Ritterkreuz erwerben will, muß den alten Weg gehen, strebt aber jemand das Verwundetenabzeichen an, so muß er meinen Weg benützen."

Nun ist es bereits 3 Uhr morgens. Nach einigen Stunden Ruhe (hoffentlich!) geht es wieder an unser Tagewerk.

Innigst

Dein Hans

28. V. 42

Meine liebe Luise!
Endlich kann ich mein Versprechen, Dir Blumen zu
schicken, einlösen. Sicher sind sie nicht meisterhaft gepreßt. Doch Du kannst sie Deinem Herbarium als „russische" Blumen einverleiben. Hoffentlich hast Du ein
klein wenig Freude damit.

Die Pfingstfeiertage verliefen so, wie ich es erwartet
hatte. Unsere Behausungen und auch wir selber wurden
wieder leise durcheinandergerüttelt. Gott sei Dank ging
aber alles verhältnismäßig gut vorbei. Heute hatte ich
wieder einmal Glück. Ich wollte zu einem meiner
M.G.-Schützen, um ihn auf eine Stelle aufmerksam zu
machen, von der aus wir dauernd beschossen wurden.
Als ich mich noch ungefähr 2 m vor seinem Loch befand, rief er mir zu: „Schnell hinlegen! Eben Abschuß
des russischen Granatwerfers!" Es gelang mir noch ein
Sprung in das Loch, dort warf ich mich rasch hin, und
schon gab es einen ungeheuren Krach. Einen Meter vor
uns beiden hatte die Granate eingeschlagen. Wir schüt-
telten die Erde ab und freuten uns, daß wir wieder einmal heil davonkamen. So spielen wir täglich Krieg, wie
lange noch?

Das Wetter ist nun meistens schön. Man sieht förmlich, wie das Gras von Tag zu Tag wächst. An manchen
Tagen ist es schon ganz schön heiß, sodaß man richtig
Sehnsucht nach einem Bad bekommen könnte, wenn es
auch nur ein Sonnenbad wäre.

Nun habe ich schon wieder länger keine Post von
Dir bekommen. Bitte schreib mir bald wieder, freue ich
mich doch über jede Nachricht von Dir unendlich. Von
Tag zu Tag habe ich größere Sehnsucht nach einem

Wiedersehen mit Dir! Luise, wenn es auch nur ein einziger Tag sein sollte, wir müssen uns wiedersehen. Ich will fest daran glauben, ganz fest!

Aus verschiedenen Gründen wurden unsere Feldpostnummern abgeändert. Hier meine neue Nr.: ....

Hab keine Sorge, noch steht die Einheit fest und stark wie immer.

Kuß

Dein Hans

Beim Lesen der letzten Zeilen wurde Luise ein wenig bang. Obwohl sie viele Briefe schreibt, kommt keiner an. Wieder einmal hatte Hans Glück, so schrieb er. Ja, aber die Gefahren werden immer größer, und die Zwischenfälle immer ärger. Abgeänderte Feldpostnummer und „hab keine Sorge". Hinter diesen Worten stecken aber doch Sorgen und Not und wahrscheinlich auch Angst. Das ist schrecklich!

Solche und ähnliche Gedanken bestürmten Luises Sinne und sie erschrak aus tiefster Seele vor der Machtlosigkeit gegenüber dieser entsetzlichen Kriegsgewalt.

1. 6. 42

Meine liebe Luise!
Wenngleich Du mein Frühlingserwachen ein wenig be-
lächelst, will ich mich nochmals damit befassen. Du
kannst Dir nicht vorstellen, wie sich jeder von uns über
den ersten grünen Grashalm, über das erste sprießende
Blatt oder gar über die erste Blume freute. Wir konnten
schon gar nicht mehr glauben, daß es auf diesem Stück
Erde, wo alles verwüstet ist, und der Tod täglich sein
Recht fordert, noch Leben geben kann und zwar so
sorgloses Leben. Man könnte die Blumen nahezu benei-
den, wenn sie selbst im heftigsten Feuer still und ruhig
ihre Köpfe zur Sonne recken. - Die Vögel sind da schon
in einer schlechteren Lage.
    Zwei Tage hindurch habe ich hier einen Star beob-
achtet. Unglücklicherweise nahm er in einem Vogel-
häuschen Wohnung, das sich auf einem unter starkem
Beschuß stehenden Baum befand. Der Baum war schon
ganz dürr, da ein Großteil der Zweige abgeschossen
war. Mein lieber Star, der einzige in weitem Umkreis,
wurde nun immer wieder in seiner Ruhe gestört und
mußte vor den herumsausenden Kugeln fliehen. Trotzdem - er kehrte immer wieder zurück. Am liebsten hätte
ich ihn gewarnt und gebeten, doch einen ruhigeren Ort
aufzusuchen. Gestern geschah nun das Unglück. Ah-
nungslos vor seinem Hause sitzend, traf ihn die tödliche
Kugel. Ich sah es zufällig und sagte zu mir: „Wieder
einen Freund verloren."
    In Deinem letzten Brief schriebst Du mir, Du wärest
also kein so großer „Tugendengel", wie ich bisher
glaubte. Warum habe ich das nicht früher gewußt! Das
wäre damals in Wien ein Abschied geworden! Da hätte

ich Dein so jähes Davonlaufen gewiß nicht zugelassen. Ich hätte Dich mit aller Kraft festgehalten in meinen Armen. Zu spät! So kann ich mir bestenfalls in ruhigen Minuten vorstellen, wie es gewesen wäre. Wir werden aber gewiß alles Versäumte nachholen, sobald ich wieder in Wien Einzug halte. Noch sind wir beide jung genug. Wollen wir hoffen, daß dieser Krieg bald ein gutes Ende finden möge.

Für die Nüsse herzlichen Dank! Trotz ihrer Härte wurden sie spielend geknackt. Du weißt ja, für einen deutschen Soldaten kann (darf!) eben keine Nuß zu hart sein.

In Liebe
Dein Hans

Starhaus
„Pogoreloe Goroditsche, Mai 42"

9. Juni 42

Meine liebe Luise!
Schon werden meine Briefschulden immer größer und
umfangreicher. Ich bin Dir unendlich dankbar, daß Du
mir so fleißig schreibst und es tut mir leid, daß ich Dir
nicht immer so viel antworten kann, wie ich gerne
möchte.

Deine Schilderungen des Hochschullebens haben
mich sehr interessiert. Auch freue ich mich, daß Dir das
Studentenleben so gut gefällt. Sicherlich hast Du inzwischen auch Deine Prüfungen mit gutem Erfolg bestanden.

Ich bin Dir sehr dankbar für die Zeilen Deines Briefes, in denen Du gegen Leute sprichst, die Kriegsbe-
schädigte als nur noch halbe Menschen betrachten und
sie womöglich auch ihren Ansichten entsprechend be-
handeln. Diese Soldaten, krank oder verstümmelt, wie
sie durch den Krieg geworden sind, haben Unendliches
gelitten. Jeder Mensch hätte die Pflicht, ihnen ihr Weiterleben auf jede nur mögliche Weise zu erleichtern.
Man soll sie aber keinesfalls bedauern, sondern man
soll ihnen helfen, daß sie bald wieder irgendeinen Platz
in der Gesellschaft ausfüllen können, damit ihr Leben
wieder lebenswert wird. Wenn Du Deine persönliche
Ansicht recht vielen Menschen gegenüber zum Ausdruck bringen könntest, würdest Du bestimmt vielen
Verwundeten große Dienste erweisen.

Die vergangenen Tage waren sehr hart. Oft fürchtete
ich, daß unsere Kräfte nicht mehr reichen würden. Die
Zahl der Granaten, die der Feind Tag und Nacht auf die
Stellungen der Kompanie rechts von mir und auf die
meine schickte, soll nach unseren Feststellungen 5000

betragen haben innerhalb von 24 Stunden. Was vorher war und jetzt noch ist, nicht eingerechnet. Als die Russen glaubten, sie hätten uns damit restlos zerschlagen, griffen sie an. Der Erfolg blieb ihnen aber versagt.

Leider verlor ich heute wieder einen guten Kameraden. Eine dieser schrecklichen Granaten hat ihn vollkommen verstümmelt. In solchen Augenblicken kann ein Brief von Dir viel helfen und heilen.

Luise, ich denke immerzu an Dich und ich hoffe und freue mich so sehr auf unser Wiedersehen.

Dein Hans

16. 6. 42

Meine liebe Luise!
In aller Eile schreibe ich Dir nur ein paar Zeilen, damit
Du weißt, daß bei mir soweit noch alles in Ordnung ist.
Nur - es gibt jetzt viel „Beschäftigung" für uns. Sobald
ich Zeit und Muße finde, schreibe ich Dir wieder mehr.

Ich warte mit großer Sehnsucht auf eine Nachricht
von Dir!

Dein Hans

17. 6. 42

Meine liebe Luise!
Was glaubst Du wohl, welch wunderbaren Wunsch ich
heute hatte, als ich Deinen Brief vom 5. 6. las, wirst Du
es erraten? Ich wage es kaum zu sagen - oder doch?
Erstens hätte ich wenigstens nur für einige Sekunden
bei Dir sein wollen und zweitens hättest Du ganz still-
halten müssen, damit ich Dich drittens abbusseln hätte
können! - So aber kann ich Dir nur brieflich meinen
Dank sagen und Dich bitten, mir recht oft und immer
wieder solche Briefe zu schreiben.

Gerade heute wieder empfand ich so richtig, welche
Kraft und welchen Trost und wieviel Hoffnung mir
Deine Zeilen geben können. Kurz bevor mich Dein
Brief erreichte, war einer meiner treuesten und bravsten
Landser gefallen. Er wurde schwer verwundet und starb
nach einigen Minuten. Das letzte Wort, das über seine
Lippen kam, war der Name seiner jungen Frau, die er
erst vor kurzem geheiratet und über alles geliebt hatte.
In solchen Augenblicken bin ich immer ganz verzwei-
felt. Da ist die Versuchung groß, mit dem Schicksal zu
hadern. - Doch es hilft alles nichts, der Krieg geht wei-
ter und nimmt keine Rücksicht auf das Leben von uns
Menschen. Er läßt uns noch Übriggebliebenen keine
Zeit, lange nachzudenken. Er fordert weiter unseren
vollen Einsatz.

In der vergangenen Nacht griff der Russe erfolglos
mit Panzern und Flugzeugen an. Seit heute Abend ist
wieder etwas mehr Ruhe. Das heißt, vor einigen Minuten gondelten Flieger über die Stellung und warfen einige Bomben. Uns macht das „fast" nichts mehr aus. Man
hört nur noch mit halbem Ohr hin und ärgert sich

höchstens darüber, in seiner Ruhe gestört zu werden.

Mein Zugführer hat sich gut erholt und wird in kurzer Zeit wieder bei uns sein. Pferde wurden ebenfalls beschafft. Einer meiner Getreuen fing gestern zwei ein. Wir freuten uns über den gelungenen Fang. Doch leider waren sie am Morgen wieder verschwunden.

Luise, am liebsten würde ich jetzt schon ein Urlaubsprogramm aufstellen. Herrliche Vorschläge hätte ich schon. Die Fahrt in die Berge, die Du ebenso liebst wie ich, stünde natürlich gleich an erster Stelle. Lieber Gott, wär das schön!

Ich freue mich, daß Dir meine russischen Pflanzen soviel Freude machen. Ich hatte schon wieder einige vorbereitet, mußte sie aber infolge höherer Gewalt wegwerfen.

2 Uhr nachts ist es nun schon. Eben wird von oben höchste Alarmbereitschaft befohlen. Wie gern hätte ich jetzt ein wenig geschlafen.

Meine liebe Luise, immer bin ich in Gedanken bei Dir.

Dein Hans

1. 7. 42

Meine liebe Luise!
Nach langer Zeit endlich wieder ein Brief von Dir. Er hat natürlich ein beträchtliches Hoch meiner Stimmungskurve hervorgezaubert - ich danke Dir!

Die Lage bei uns ist im allgemeinen unverändert, was nicht sagen soll, daß die nächste Zeit nicht einige Veränderungen und Überraschungen bringen wird. Jedenfalls werden uns die kommenden Ereignisse dem Kriegsende einen gewaltigen Schritt näher bringen. Das Wetter ist augenblicklich günstig. Leider kann bei uns vorläufig von Urlaub keine Rede sein. Ich denke und hoffe, daß es im frühen Herbst soweit sein wird.

Grenzenlos freue ich mich jetzt schon auf unser Wiedersehen. Luise, ich habe eine große Überraschung für Dich. Wir werden ein Fest feiern, wie es in unserem Leben einzigartig dastehen soll! Für die konkrete Gestaltung dieser Feier hätte ich zahllose Vorschläge, die ich Dir auf Grund meiner schüchternen Wesensart noch nicht verraten will. Aber sie sind alle wundervoll, und ich hoffe und vertraue fest, daß sie Deine volle Billigung und Zustimmung finden werden. Jedenfalls trage ich in mir einen wunderschönen Gedanken, an dem ich mich nun Tag für Tag erfreuen kann. Eben hat mich ein Kollege beim Schreiben unterbrochen. Er fand zufällig Karten und benutzte die Gelegenheit, mir damit meine Zukunft vorauszusagen. Ergebnis: Ich werde Vater von vier Kindern. Meine Stellungnahme: Drei würden auch genügen, doch wenn das „Schicksal" es anders bestimmen sollte, werde ich mich fügen. Dies zu bestimmen liegt aber gar nicht in meiner alleinigen Macht, dazu gehören doch zwei.

Luise, was meinst nun Du? Fast wäre ich von meinem eigentlichen Thema abgekommen, oder?

Anbei ein Photo. Die beiden Gestalten sollen einen Kompanieführer und einen seiner besten Zugführer darstellen, die beide in einem ostpreußischen Infanterieregiment versuchen, die Ostmark würdig zu vertreten.

Heute schicke ich Dir wieder einmal ein Packerl mit russischem Tee und ein wenig Schokolade für Dich und Deine Freundin.

Liebe Luise, ich denke immerfort an Dich und ich glaube an Dich. Dieser Glaube wird mir auch stets die Kraft geben, alle Schwierigkeiten zu überwinden. Keinen Augenblick will ich an dem guten Ausgang zweifeln.

Kuß

Dein Hans

„Zwei Wiener auf einer KdF-Fahrt durch Russland bei
kurzer Rast. Nossovo. Juni 42, Hans"

Luise freute sich sehr über diesen Brief. Sie verstand diese Zeilen von Hans als eine Liebeserklärung an das Leben und an sie selber. Er träumt also von einem besonders schönen Fest im Urlaub und er denkt an ihre gemeinsame Zukunft! Vergessen hatte Luise für Augenblicke den Krieg und seine Gefahren. Sogleich schrieb sie ihm voller Freude auf die unbeschriftete Rückseite seines Briefes ihre Gedanken nieder:

Für Deinen Urlaub habe ich tausend wundervolle Pläne für Dich und tausend geheime Wünsche an Dich! Doch Du sollst sie erst erfahren, wenn Du hier bei mir an meiner Seite sein wirst. Dann erst darfst Du diese meine Zeilen lesen.

Wir werden in die Berge wandern, wir werden ihre Gipfel stürmen und wir werden die Erde um uns ringsherum versinken lassen! Wir werden gemeinsam Wien bei Tag und Nacht entdecken. Wir werden ins Burgtheater gehen oder in die Oper oder in ein wunderschönes Konzert. Wir werden wie zwei Königskinder in einer Droschke, bespannt mit zwei schneeweißen Schimmeln, die große Ringstraße entlang fahren und alle die herrlichen Bauwerke bewundern, die sie umsäumen. Seit ich zum allerersten Mal einen Wiener Fiaker gesehen habe, träume ich so sehr davon, eine solche Fahrt gemeinsam mit einem geliebten Menschen erleben zu dürfen. Und nun soll es bald Wirklichkeit werden!

(Randbemerkung: Wäre damals in den Vierzigerjahren der Autoverkehr auf der Ringstraße so intensiv gewesen wie heute, hätte ein solcher romantischer Traum wohl niemals Luises Herz erfüllen können.)

Wir werden vielleicht ein Museum besuchen und die kostbaren Schätze der Schatzkammer bewundern, im Belvedere und im Botanischen Garten lustwandeln, wir werden auf den Kahlenberg wandern und das Rauschen des Wienerwaldes auf unsere Seele einwirken lassen. Wir werden uns fein machen und eine Nacht durchtanzen, wir werden mit dem Boot fahren auf der alten Donau und die Praterauen durchstreifen, auf dem Riesenrad über der großen Stadt schweben und uns auf der Hochschaubahn hin- und herschaukeln lassen.

Und wir werden im Stephansdom ein Dankgebet zum Himmel schicken für all das Göttliche hier auf Erden! Du sollst mit mir zu meiner Mutter und zu meinen Geschwistern fahren und mein Zuhause kennenlernen. Ich möchte mit Dir Hand in Hand durch meine geliebte Heimat wandern, in der ich aufgewachsen und großgeworden bin. Und dann will ich Dich in Dein schönes Waldviertel begleiten zu Deiner Familie.

Ob wohl bei so viel Programm die Zeit noch reichen wird, um ein großes Fest feierlich begehen zu können? Ich jedenfalls werde jede gemeinsame Stunde zu einer festlichen Stunde, jeden gemeinsamen Tag zu einem Festtag für Dich gestalten! Im ersten Augenblick unseres Wiedersehens will ich mit Dir das Glück einfangen und es nicht mehr loslassen bis zum letzten.

2. 7. 42

Meine liebe Luise!
Heute war eine bewegte Nacht. Mein lieber Zugführer,
der neben mir auf dem Bild zu sehen ist (ich habe Dir
das Photo geschickt), ist gefallen. Ich kann einfach immer noch nicht glauben, daß es wahr sein kann! Eben
habe ich Briefe seiner Frau gefunden. Sie hofft so sehr
auf ein baldiges, gesundes Wiedersehen.
    Der Krieg ist doch fürchterlich. Auch ein junger
Obergefreiter ist gefallen. Mein Kompanieoffizier und
einige andere Kameraden wurden teils leicht, teils
schwer verwundet. Ich weiß nun nicht, was uns die
nächsten Stunden und Tage bringen werden. Jedenfalls
sehe ich nun zum erstenmal mit einer gewissen echten
Besorgnis in die Zukunft. Es kommt mir vor, als ob
dies alles unsere Kräfte weit übersteigen würde!
    Schreib mir bald und immer wieder, ich warte so
sehr darauf!
    Innigst
    Dein Hans

Was Luise nun dachte und fühlte, ist wohl gut verständlich. Diese Zeilen von Hans waren eiligst zu Papier gebracht. Wieviel Not und Sorge steckte da dahinter. Wieviel Leid hat dieser Krieg schon angerichtet und wann wird er enden.

Luise fuhr nach Hause. Das Studienjahr war siegreich beendet. Zu Hause half sie bei der Erntearbeit. Dann gings nach Schladming und weiter in Richtung Dachstein. Ab August sollte sie in Radstadt und später in Innsbruck zur Ferialpraxis eingesetzt werden. - Gott sei Dank war der nächste Brief von Hans wieder ein wenig zuversichtlicher. Hier die wichtigsten Ausschnitte daraus:

13. 7. 42

Meine liebe Luise!
Heute ist endlich wieder einmal „Ruhetag". Nur ab und
zu schlagen vereinzelt Granaten ein, oder fühlt sich ein
russischer Maschinengewehrschütze verpflichtet, einige
Gaben an uns zu schicken. Wir beschlossen daher, nach
Monaten wieder Skat zu spielen.

Als wir so einige Minuten beisammen saßen, brachte
mir mein Melder Deine Karte, die Du mir vom Hochschwab sandtest. An meiner Miene war nun sofort zu
erkennen, daß diese Post mich sehr erfreute. Ein Wort
gab nun das andere, bis wir schließlich bei dem alten
Thema angelangt waren: „Glück in der Liebe, Unglück
im Spiel". Nun am Ende unseres Kartenspiels mußte
ich feststellen, daß ich mächtig verloren hatte. „Mein
braver Tugendengel", dachte ich und ging zu meinem
Gefechtsstand zurück, um Dir diesen Brief zu schreiben.

Bevor ich damit begann, unterhielt ich mich mit
meinem Melder, der mein persönlicher Adjutant ist.
Sein Geburtsort ist Wien Brigittenau, sein Beruf
Schlosser, sein Alter 25 Jahre. Nach dem Tode meines
geliebten Zugsführers ist er nun neben mir der einzige
Ostmärker im ostpreußischen Infanterieregiment.
Wenngleich ich sein hoher Vorgesetzter bin, sind wir
miteinander freundschaftlich und kameradschaftlich
sehr verbunden. Unsere Unterhaltung führen wir aus-
schließlich nur im Wiener „Beißadialekt".

Es stellte sich während unserer Gespräche heraus,
daß er bis jetzt der Ansicht war, ich müßte als „Studier-
ter" in reichen Verhältnissen gelebt haben. Da hab ich
ihm nun erzählt, wie mein Leben in Wien als Student

wirklich war. Er konnte gar nicht glauben, daß es möglich war, mit 40 S monatlich die Wohnung im Studentenheim, das Essen in der Mensa und noch die Studiengebühren usw. zu bezahlen. Natürlich habe ich auch Geld dazuverdienen müssen, denn meine Eltern wollte ich nicht zu sehr belasten. Ich erzählte ihm auch, daß ich einmal drei Tage vor Monatsende nur mehr 50 Groschen hatte. Es war aber noch etwas heimatliches Geselchtes vorhanden. So kaufte ich mir um's ganze Geld Sauerkraut, stellte es auf den Gaskocher und ging wieder zu meinen Büchern. Als ich zurückkam, war furchtbarerweise alles verbrannt. Es brachen hiermit recht unvergeßliche magere Tage an.

Er schilderte mir dann seinen Lebenslauf. Da kam ich aus dem Staunen nicht heraus. Es ist der Lebenslauf eines braven Kerls, der in den Zeiten der Arbeitslosigkeit vergeblich versuchte, ein wenig Geld zu verdienen.

Überall wies man ihn ab, bis er es schließlich wegen allzu großer Schwäche gar nicht mehr wagen konnte, um Arbeit zu bitten. Der Vater mußte ihn aus dem Haus jagen, weil er selbst nichts mehr zu essen hatte. So wurde er Straßensänger. Sein Freund sang, und er begleitete ihn auf der Gitarre. Da beide sehr talentiert waren, verdienten sie so viel, daß sie wenigstens davon leben konnten.

Eines Tages aber verlangte plötzlich ein Polizist die Urkunde ihrer Spiellizenz, die sie natürlich nicht besaßen. Die Folge war Wegnahme der geliebten Gitarre und 3 Tage Gefängnis. Nach dieser Zeit wurden sie halb verhungert entlassen. Mit Singen allein gelang es ihnen abermals, 75 Groschen zu verdienen, die sie mit den Worten „um's ganze Geld Wurscht!" in eine Fleischhauerei in Währing trugen. Die gute Frau dort schnitt einen ganzen Berg Speck und Wurst ab, gab ihnen außerdem das Geld zurück und machte damit zwei Menschen unsagbar glücklich.

Noch viele andere Erlebnisse erzählte mir der Brave, aus denen ich mir ein lebhaftes Bild jener Zeit in Wien machen konnte. Ich muß sagen, daß mir auch die trostlosen Verhältnisse, die damals in unseren Arbeiterkreisen herrschten, nicht so bekannt waren. Wir vom Land hatten es doch nicht so schwer, wir mußten doch wenigstens nicht wirklich hungern und - jung wie wir waren - gingen wir an der Armut der anderen wahrscheinlich ein wenig gedankenlos vorüber. Auf alle Fälle mußten damals wertvolle Menschen elendig verkommen. Einer von denen war sicherlich mehr wert als hundert andere aus unseren sogenannten „besseren" Kreisen.

Nun, an diesem meinem Melder habe ich jedenfalls meine helle Freude. Er ist stets einsatzbereit, ehrlich und gewissenhaft, man kann ihm alles anvertrauen, und er lebt hier förmlich auf, weil er sieht, daß bei uns eben jeder als Mensch angesehen und behandelt wird. Endlich verschwinden die Minderwertigkeitsgefühle, die ihn bisher verfolgten. Die Zeit, die er hier durchleben muß, ist bestimmt in jeder Beziehung hart und schwer, und dennoch fühlt er sich angesehen und frei wie noch nie zuvor in seinem Leben. - Ich weiß nicht, ob Dich meine Erzählung interessiert, und ob Du mich ganz verstehen kannst.

Man klammert sich hier an kleine erfreuliche Beobachtungen und Erlebnisse und kann daraus auch neue Kraft für die bevorstehenden Aufgaben schöpfen. Möchte man hier nur das Negative sehen, so bliebe nichts übrig als Verzweiflung.

Eben bemerkte ich, daß eine Maus mit ihren listigen Äuglein mich ständig beobachtet. Es ist, als wollte sie mich fragen: „Was willst Du eigentlich mit diesem Brief?" Ich habe ihr geantwortet: „Höhere Taktik!" Darauf verschwand sie zufrieden in ihrem Loch ... .

Liebe Luise, verbringe nach Deinen Abschlußprüfungen Deine Ferien zu Hause recht schön, damit Du dann mit voller Kraft an den Kriegseinsatz herangehen kannst! Die Anforderungen, die unsere Zeit an jeden Menschen stellt, sind sehr, sehr groß. Doch wir kommen alle immer wieder zur Überzeugung, daß wir noch nicht am Ende unserer Kräfte angelangt sind und daß wir eigentlich noch weit mehr leisten können. Wieder ist es 3 Uhr früh geworden, und der neue Tag wird vermutlich neue Ereignisse schwerwiegender Art bringen. Die Front beginnt bereits unruhig zu werden.

Ich freue mich schon auf die Bilder von Eurer Hochschwabtour und ich danke Dir für Deine Briefe sehr. Von mir bekommst Du heute wieder zwei Photos. Das eine zeigt Dir jenen Star, der damals Ende Mai, oder 1. Juni war es, glaube ich, „gefallen" ist. Kurz vor seinem Tod habe ich ihn geknipst. Das zweite Bild zeigt einen Reiter, vielleicht erkennst Du ihn, oder?

Je schwerer die Kämpfe werden, desto mehr Kraft bringt uns der hoffnungsvolle Gedanke, daß auch wir einmal die Heimat und unsere Lieben wiedersehen werden. Wenn wir dann auch wieder an die Front zurückkehren müssen, können wir vielleicht mit den schönsten Erinnerungen in unseren Herzen jeder für sich sagen: „Das waren die wundervollsten Tage meines Lebens!"

Tausend innige Grüße
Dein Hans

An der Duschka, Mai 42

21. VII. 42

Meine liebe Luise!
Am 21. wollte ich Deinen Brief vom 11. VII. beantworten. Doch leider konnte ich nach der Überschrift und dem Datum nicht weiterschreiben. Heute ist der 23. Juli, und ich hoffe, daß ich meinen Vorsatz ungestört ausführen kann. Wir liegen am Waldesrand. Tagsüber hat es viel geregnet. Die Nacht wird hoffentlich besseres Wetter bringen. Trotz der wenig erfreulichen Lage hier bei uns bin ich im Augenblick restlos glücklich und zufrieden. Eben traf nämlich Dein Luftfeldpostbrief ein. Es steht nun ja einmal fest, wenn der Landser aus irgendwelchen Gründen geneigt ist, an allem zu verzweifeln, so heilt ein solch ersehnter Brief, gibt neue Kraft und macht alle Sorgen vergessen - wenigstens für eine Weile. Ich danke Dir! Luise, Du kannst mir glauben, daß Du in bezug auf Hilfe für mich nicht machtlos bist. Weißt Du, die Briefe aus der Heimat sind unsere geistige Nahrung, die wir ebenso notwendig brauchen wie unser Brot. Ich betrachte meine Leute öfters, wenn die Post kommt. Das Herz tut mir weh, sehen zu müssen, wie der Großteil von ihnen gleich darauf wieder davonschleicht mit trauriger, verzweifelter Miene. Der Grund für das Ausbleiben der Post ist wohl stets die angespannte Transportlage. Andere Möglichkeiten schließen wir aus.

Nun, ich selbst bin fest davon überzeugt, daß die Heimat mit ihren Soldaten lebt. Wir können nur mit vereinten Kräften unser hochgestecktes Ziel erreichen. Siehst Du, so kommt der Soldat von Post auf Kriegsspiele. Es ist auch ganz unmöglich, andere vernünftige Gedanken zu fassen. Bei improvisiertem Licht liege ich hier. Sooft ein russischer Flieger kommt, muß ich löschen, sonst knallt es. Die Streichhölzer werden schon knapp vor lauter Ablöschen und Anzünden.

Es freut mich, daß Du so viel Freude an den Bergen hast. Auch ich bin immer gerne und viel herumgekraxelt. Während meines Aufenthaltes in Oberösterreich zur Schulzeit bot sich öfters Gelegenheit dazu. Merke Dir alle Wege und Steige gut, damit wir uns, wenn wir hoffentlich bald einmal mitsammen wandern können, ja nicht verirren, denn das wäre doch entsetzlich, oder? Deine Aufnahmen vom Hochschwab sind herrlich! Allerdings, wenn ich ganz ehrlich bin, muß ich gestehen, daß ich erst ganz spät bemerkt habe, daß außer Dir auch noch schöne Landschaften zu sehen sind. Den Enzian - ich danke Dir dafür - hielt ich lange in Händen und träumte so richtig dabei. Ich trage ihn bei mir, er wird mich stets begleiten. Für Deinen Ferialeinsatz in Radstadt und Innsbruck wünsche ich Dir viel Arbeitsgeist. Bis es soweit ist, wünsche ich Dir viel Zeit zum Verschnaufen und - zum Briefeschreiben. Um auf Deinen letzten Brief zurückzukommen, hätte ich eine kleine Frage: Darf man oder soll man nur Briefe schreiben, wenn es draußen in Strömen regnet?? Das soll aber ja nicht heißen, daß ich unzufrieden bin. Im Gegenteil! Ganz vorsichtig will ich nur für die Zeit vorbauen, während der mein „Tugendengel" in Innsbruck umherschweben wird.

NS.: Eben hat ein Flieger mindestens 10 Bomben, natürlich - oder Gott sei Dank - daneben, abgeworfen. Er mahnt mich also zu schließen.

Gutenachtkuß

Dein Hans

31. Juli 42

Meine liebe Luise!

Wieder einmal muß ich etwas Kraft schöpfen und mein Gehirn auf andere Gedanken bringen. Wie mag es Dir wohl in den kurzen Ferientagen in der Heimat ergehen? Hast Du mir auch einmal ein Brieferl geschrieben oder bist Du zu sehr beschäftigt? Wahrscheinlich aber hat das Ausbleiben Deiner Post eher Gründe, die bei uns hier liegen. Oder ich bin schon zu anspruchsvoll geworden, habe ich doch ohnehin erst vor einigen Tagen einen langen Brief von Dir bekommen.

Die Lage bei uns ist nicht gerade erfreulich. Ich liege mit meiner Einheit auf einem Brückenkopf. Seit Wochen regnet es fast täglich, einmal mehr, einmal weniger, seit einigen Tagen aber ununterbrochen. An vielen Stellen stehen wir bis zu den Knien im Wasser oder wir sinken in den lehmigen Boden so tief ein, daß ein Sichvorwärtsbewegen fast unmöglich ist. Der Fluß ist so angeschwollen, daß er auch den letzten Steg, der uns mit unserer eigenen Truppe verband, wegriß.

Der Russe plant für die nächsten Tage einen Großangriff. Das andauernde Motorengeräusch läßt darauf schließen, daß er im nahen Wald auch viele Panzer bereitstellt. Tag und nacht dröhnt die Erde vom schweren Artilleriefeuer. Eben kreisen auch russische Jäger und Zerstörer ungestört über unsere Stellungen. So also ist unsere augenblickliche Lage - ernst, aber hoffentlich nicht hoffnungslos. Wenn alles gut vorbeigeht, folgt mein nächster Bericht.

Heute will ich Dir, falls die Zeit noch reicht, ein Buch schicken, und zwar „Die Mutter der Weisheit" von Henry Benrath. Mir hat es ganz ausgezeichnet gefallen, und ich glaube, daß es auch Dir viel Freude machen wird.

Ja und nun will ich versuchen, den reißenden „Strom" irgendwie zu übersetzen. Ich muß nämlich noch dringend zu einer kurzen Besprechung zu meinem Kommandeur. Da fällt mir gerade auf, daß ich einen sprachlichen Irrtum geschrieben habe. Heißt es nicht „über den Strom zu setzen"? Den Strom zu übersetzen mit dem Wort „flumen" oder „river" wäre wohl wesentlich einfacher.

Liebste Luise, hab weiterhin schöne Sommerferien! Ich gratuliere Dir auch ganz herzlich zum guten Jahresabschluß auf der Hochschule. Denk jetzt oft an mich, ich glaube, daß ich Deinen Beistand recht nötig haben werde!

Nimm einen „wirklichen" Kuß, brieflich gegeben von

Deinem Hans

NS.: In meiner Anschrift ist eine kleine, fast unbedeutende Änderung eingetreten.

Der Brückenkopf an der Wolga
(nachgezeichnete Skizze)

Und dieser Brief war der letzte, den Luise von ihrem Hans erhalten hatte. Ein Unheil war ihm zugestoßen. Luise wußte das vorläufig noch nicht und schrieb ihm weiterhin viele Briefe. Sie bekam diese erst viel später zurück.

Der Inhalt ihrer Briefe soll nun hier aufgezeichnet werden:

Kapitel 4

Luises zurückerhaltene Briefe

Südwandhütte, 26. VII. 42

Lieber Hans!

Da sitze ich nun auf einem sonnigen Platzerl unter den mächtigen Felsen oder - besser gesagt - mitten im Felsgebiet und schaue mit sehnsuchtsvollem und wehmütigem Blick hinauf zum Gletscher und Gipfel des Dachsteins. Du wirst nun denken, daß dem doch leicht abzuhelfen wäre. Da steigt man eben hinauf, will man seine Sehnsucht stillen und seine Wehmut in Freude umwandeln. - Eben fuhr eine Staublawine unter grollendem Donnergeräusch den Hang hinunter. Es ist sehr interessant, so etwas in den Bergen zu erleben.

Und jetzt will ich Dir rasch erklären, warum es uns nicht gelungen ist, den Dreitausender zu besteigen. Am Willen und am Mut dazu hätte es nicht gefehlt. Wir kamen gestern hier auf der Südwandhütte (1910 m) an und stiegen heute um halb 6 Uhr früh ins Felsgebiet auf. Wir erreichten ungefähr eine Höhe von 2400 m. Es ging empor über Schneefelder und gesicherte Felssteige. Plötzlich aber bekam meine Freundin Heidi Stechen im Knie. Wir hofften zuversichtlich auf Besserung, aber es wurde immer schlimmer. Also blieb uns nichts anderes übrig als umzukehren. Heidi hatte sich nämlich vor einiger Zeit eine Meniskusverletzung zugezogen und dürfte daher eigentlich vorläufig keinen Sport betreiben. Nun hatte ein Fehltritt genügt, um wieder Schmerzen hervorzurufen. Schade, aber wir haben uns schon in unser Schicksal ergeben. Wir wandern eben von einer Hütte zur anderen und werden uns damit trösten, die Natur der Bergwelt und ihre Wunder auf halber Höhe zu genießen. Das Knie wird fest gefatscht, und so können wir schon diese kleineren Touren unternehmen.

Auf den Gipfel des Dachsteins laß ich mich einmal von Dir führen. Als gewandter Bergsteiger wirst Du mich sicherlich heil hinauf und wieder hinunter bringen.

Am Samstag, dem 1. August werde ich in Radstadt Einzug halten. Hoffentlich wartet dann dort ein Brief von Dir auf mich. 14 Tage bin ich nun schon ohne Nachricht von Dir. Ich werde Dir in Radstadt einen langen und ausführlichen Brief schreiben. Hier geht es doch etwas zu lebhaft zu. Vergiß auch Du ob Deiner vielen Schwierigkeiten und Sorgen nicht darauf, mir immer wieder wenigstens ein kurzes Lebenszeichen von Dir zukommen zu lassen. Daß es Dir noch so halbwegs gut geht und daß Du weiter gesund bleibst, das hofft und wünscht Dir aus tiefster Seele

mit tausend innigen Grüßen

Deine Luise

Für Luise persönlich waren diese letzten Julitage voller denkwürdiger Ereignisse. Wie mögen da wohl die Gedanken beider junger, in Gefahr schwebender Menschen hin- und hergeflogen sein!

31. VII. 42

Mein lieber Hans!
Wie anspruchslos und bescheiden sind doch eigentlich die Menschen unserer Zeit. Ein Brief von der Front zur Heimat oder von der Heimat zur Front bedeutet oftmals das höchste Glück, das sie sich erwarten können.

Seit einigen Tagen liegt nun hier in Radstadt ein Mädchen „schwerverwundet" im Bett. Draußen scheint die Sonne und gibt der Landschaft ein wundersames heiteres Gepräge. Im Herzen der Einsamen aber ist es düster und traurig. Hefte, Bücher und Photos liegen vor ihr, doch in nichts von alledem kann sie sich vertiefen. Ihre Gedanken schweifen weit ab in das ferne Rußland, verweilen am Kriegsschauplatz bei einem der vielen Soldaten, die dort Wache für das Vaterland halten oder vielleicht gerade mitten im erbitterten Kampf mit dem Feinde stehen. Ob es wohl so etwas wie eine Gedankenübertragung geben mag? Sie weiß und spürt genau, daß seine Gedanken die ihren kreuzen. Sie schließt ihre Augen und horcht tief in ihr Herz hinein und sie beginnt am hellichten Tag zu träumen. Wovon? Sicherlich von einer schöneren, friedvolleren Zukunft, vor allem aber von einem Brief, auf den sie mit Sehnsucht wartet, von einem Lebenszeichen und vielleicht auch von einem baldigen kurzen Wiedersehen, denn sie ist bescheiden und mit wenig, das für sie doch so viel bedeuten kann, zufrieden, wie es sich eben für einen richtigen „Tugendengel" geziemt, für den sie „fast" mit Recht gehalten wird.

Nun, lieber Hans, meine Frage: „Kennst Du dieses Mädchen?" Ich möchte hinzufügen: „Vorsicht beim Antworten!" Ich bin bei meiner Schilderung etwas von der Wirklichkeit abgewichen. Denn dieses Mädchen ist trotz seiner berechtigten Traurigkeit voller Hoffnung und voller Vertrauen, daß es ganz bald wieder freudestrahlend ein paar Zeilen von Dir geschrieben bekommen wird. Wenn Du nur noch halbwegs heil und gesund bist, wenn Du nur noch am Leben bist, alles andere ist doch so nebensächlich!

Nun noch ein Bericht zu meiner Lage: Mein rechtes Bein sieht aus wie eine jonische Säule. Das Fußgelenk und der Knöchel sind geprellt, mit Bluterguß natürlich. Nicht so tragisch also. Aber es ist für mich insofern unangenehm, als ich in zwei Tagen meine Urlaubsvertretung antreten soll. Das wird nun aber kaum möglich sein.

Wieso es dazu kam? Höre und staune! Wir haben nun doch den Gipfel des Dachsteins gestürmt. Es war eine wunderbare Bergtour. Dort oben beim Gipfelkreuz war ich für Augenblicke selig. Alle Sorgen waren für kurze Zeit angesichts der Herrlichkeit, der Pracht, der Mächtigkeit und der Göttlichkeit der Bergwelt dahin. Als sich dann die ganz große Begeisterung für die Natur gelegt hatte, warst Du mein allererster Gedanke. Ich wünschte so sehr, Du wärest bei mir, ganz nah an meiner Seite, und alle Schönheit wäre doppelt so schön gewesen.

Dann kam es zum Abstieg. Wir hatten bereits die schwierigsten Stellen überwunden, da überraschte uns plötzlich ein Gewitter. Es war grauenhaft, der ganze Berg war ein Feuermeer, es blitzte, donnerte und hagelte fast eine Stunde lang. Der steile Hang war teilweise mit Schnee, zum Großteil aber mit Steinen und Schutt bedeckt. Da setzte sich plötzlich das ganze Geröll in Bewegung. Wir suchten in größter Not und Gefahr einen schützenden Felsen. Dieser war noch ungefähr 200 Schritte von uns entfernt.

Und da - ein Steinschlag auf meinen Fuß! Ich fiel sofort um, versuchte dann gleich wieder aufzustehen. Es gelang und ich humpelte weiter, gestützt auf unseren „Bergführer", einen siebzehnjährigen jungen Burschen, den wir auf der Hütte kennengelernt hatten. Für Augenblicke hatten wir die Hoffnung auf einen günstigen Ausgang des Abenteuers verloren, wir glaubten uns dem Tode nahe. Der Riemen des Rucksacks riß ab. Es schüttete in Strömen. Wir waren bis auf die Haut durchnäßt. Nebel fiel ein, Heidis Knie begann zu stechen, und ich konnte auf meinem Fuß nicht auftreten. In diesem Zustand mußten wir zweimal nun einen meterhoch angeschwollenen Wildbach durchqueren.

Unser kleiner „Üpp" war wirklich unser Lebensretter. Beim Aufstieg hatte er Heidi vor dem Abstürzen gerettet, als sie auf einem Schneefeld abrutschte und jetzt beim Abstieg rettete er mich durch seine Hilfe. Auf ihn gestützt schleppte ich mich vorwärts, immer vorwärts. Der Weg zur Hütte dauerte eine „Ewigkeit". Daß wir dort doch noch lebendig eintrafen, kam uns wie ein Wunder vor.

Zwei Tage lang lag ich in der Südwandhütte ohne ärztliche Hilfe. Am 3.Tag hörte es endlich zu regnen auf. Mit einer Tragbahre und einem armseligen Ochsenkarren wurde ich zu Tal befördert. - Der Dachstein wird uns in ewiger Erinnerung bleiben. Trotz allem was wir an Schauerlichem erlebten, es war noch so vieles, was ich hier gar nicht zu Papier bringen konnte, sage ich heute mehr denn je zuvor ein Heil den Bergen! Du stimmst doch darin sicher mit mir ein!

Wann endlich wird wieder ein Brief, ein Lebenszeichen von Dir kommen? Ich warte so sehnsüchtig darauf. So will ich mich halt in Geduld fassen!

Mein allergrößter Wunsch ist und bleibt auch weiterhin, daß alles Glück und aller Segen des Himmels an Deiner Seite bleiben mögen, sodaß Du recht bald die Heimat, alle Deine Lieben und mich wiedersehen kannst.

Innigst
Deine Luise

Radstadt, 11. VIII. 42

Mein lieber Hans!
Meine herzlichste Gratulation, Herr Oberleutnant!

Ist das aber ein unbequemes langes Wort! Ein normaler Mensch müßte nun vor Dir wegen dieser hohen Auszeichnung Respekt bekommen. Doch sei getrost - ich gehöre ohnehin nicht zu diesen ganz „Normalen". Trotzdem, ich freue mich mit Dir und für Dich! Kaum hatte ich meinen letzten Brief an Dich abgeschickt, bekam ich auch schon Dein Schreiben vom 13. Juli. Und nun ist auch Dein zweiter Brief eingelangt, vom 21. bzw. 23. Juli. Gestern bekam ich Dein Buch „Die Mutter der Weisheit". Ich werde es mit viel Interesse lesen.

Vielleicht erinnerst Du Dich noch an den Inhalt Deiner Briefe ein wenig. Wie kannst Du nur „Glück in der Liebe, Unglück im Spiel" ausgerechnet mit mir in Verbindung bringen! Nun - ich würde sagen „Eile mit Weile" oder „Man soll den Tag nicht vor dem Abend loben." Freilich, wenn man so wie Du schon so lange im Krieg ist und - Gott sei Dank - immer nur siegreiche Kämpfe geführt hat, dann ist es natürlich erklärlich, daß man sich eben auch in allen privaten Angelegenheiten seines Endsieges (bzw. Glückes) sicher ist. Dennoch wäre in unserem konkreten Fall doch auch ein Irrtum nicht ausgeschlossen. - Das war wohl wieder ein wenig boshaft von mir? Doch hab' keine Sorge, Du weißt ohnehin, wie ich es meine ... .

Ganz besonders nett finde ich es, daß Du mir das Bild Deines Stars, den Du oft und gern beobachtet hast, und der Dir ein lieber Freund geworden ist, geschickt hast. Ich werde es ganz sorgfältig aufbewahren bis zu Deiner Wiederkehr. Der arme Star, auch er ist ein Opfer

166

dieses schrecklichen Krieges geworden! Jedenfalls bin ich ganz gerührt darüber, wie sehr Dich dieses Erlebnis beeindruckt hat. Und ich freue mich von Herzen, daß Du so empfinden kannst und daß Du in diesen rauhen Kämpfen Dein kindliches Gemüt und Deine Empfindsamkeit nicht verloren hast.

Nun, was Du mir über das Leben Deines Melders und über Dein Studentenleben erzählt hast, ist mir - ich darf es wohl offen sagen - recht nahe gegangen. Das Elend, das damals in Arbeiterkreisen herrschte, war ja haarsträubend. Daß nun diese Traurigkeit der Armut für immer vorbei sein wird, ist ein wahrer Segen. Und Du, Hans, mußtest mit 40 S im Monat auskommen? Sicherlich hast Du Dir neben dem Studium durch Arbeit etwas dazuverdienen können.

Mir ist es möglich, laufend ein wenig Geld zu verdienen, während des Studienjahres und dann besonders jetzt in den Ferien. Freilich ist es manchmal auch kein reines Vergnügen, die Zeit, die andere als Freizeit genießen, dafür hergeben zu müssen. Aber schließlich geht alles bei einigem guten Willen. Du schreibst von furchtbaren Tagen mit 50 Groschen Barvermögen und verbranntem Essen. Da durchzuhalten ist auch nicht ganz leicht. Ich kann es Dir gut nachfühlen, allerdings so schlecht, daß ich hungern mußte, ist es mir noch nie in meinem Leben ergangen. - Auf alle Fälle ist es gut, sein Leben unabhängig oder fast unabhängig von daheim aus eigener Kraft bestreiten zu können und ein bisserl kämpfen zu müssen, um sein Ziel zu erreichen.

Dennoch - ich war sehr überrascht über die Schilderung Deines Studentenlebens und ich habe Dich bis dato darin ein wenig unterschätzt bzw. überschätzt. So will ich Dir abschließend nur noch sagen, daß ich nicht

167

wie die listige Maus damals nach dem Sinn dieser brieflichen Mitteilungen frage, sondern daß ich Deine „höhere Taktik" durchaus begriffen habe.

Nun bin ich aber todmüde und darum will ich schlafen gehen. Morgen brauche ich alle meine Kräfte, denn ich muß den ganzen Tag allein Dienst machen, noch dazu mit einem Bein, auf dem anderen kann ich kaum auftreten.

12. VIII. 42

Der Vormittag ist glücklich vorüber, und jetzt genieße ich meine Mittagspause. Das heißt, eigentlich genieße ich sie nicht, sondern ich „opfere" sie Dir, um den Brief zu beenden, aber ich bringe doch so gerne dieses Opfer, das weißt Du ja längst.

Meine Chefin ist gestern abends nach Wien gefahren. Ihre Schwester ist plötzlich an Kinderlähmung erkrankt und wird bereits von den Ärzten als hoffnungsloser Fall aufgegeben. Das ist sehr tragisch!

Gestern nachmittag war herrliches Wetter. Ich habe mich mit einer Decke und einem Buch außerhalb des Ortes niedergelassen, um ein wenig frische Luft zu genießen. Bis jetzt war ich doch aus dem Bereich des Hauses und des Gartens nicht hinaus gekommen infolge meiner Gehbeschwerden.

Ich bin sehr gerne hier, die Arbeit macht mir viel Spaß. Allerdings der kranke Fuß ist ein wenig störend. Der Arzt, den ich zu Rate zog, stellte fest: Prellung mit Bluterguß. Leider war das eine Fehldiagnose. Die Schmerzen wurden immer ärger, trotz dauernder konservativer Behandlung mit Salben, Umschlägen usw. So klagte ich ihm schließlich nochmals mein Leid. Er aber hatte dafür nur ein mitleidiges Lächeln und hielt mich im Geheimen für zimperlich und wehleidig. Ganz gegen seine Überzeugung machte er schließlich auf Drängen meiner Chefin eine Röntgenaufnahme, und siehe da, vom Ergebnis war er unangenehm berührt: Ein eingesprengtes Schienbein am Ansatz des Fußgelenkes. Ich muß aber weiterhin allein den Dienst versehen, weil meine Chefin bei ihrer todkranken Schwester bleibt.

Nun soll es für heute genug sein. Ich hoffe, Dir demnächst Angenehmeres berichten zu können. Meine Gedanken sind immerfort bei Dir, und meine innigsten Wünsche werden Dich auch weiterhin auf allen Wegen und Leidenswegen, bei allen Deinen Sorgen und Nöten begleiten. Daß ich bald wieder von Dir hören werde, wünsche ich mir so sehr.

Ich grüße und küsse Dich ganz innig.

Deine Luise

Salzburg, 20. VIII. 42

Lieber Hans!

Gestern, als ich in Salzburg das Diakonissinnen-Krankenhaus verließ, setzte ich mich erst einmal auf ein Bankerl, um dort vor lauter Schrecken regungslos auszuruhen. Dann wollte ich lesen „An fremder Welten Tor", aber ich konnte mich nicht konzentrieren. Dann begann ich diesen Brief mit „Lieber Hans", doch ich gab es gleich wieder auf, Dir zu schreiben, denn der Brief wäre gewiß meiner Stimmung entsprechend nicht besonders gut ausgefallen. Heute, am 21. August spät abends, stelle ich fest, daß meine gute Laune natürlich längst wiedergekehrt ist. Ich bin wieder in Radstadt und kann mit ruhigem Gewissen den Brief an Dich weiterschreiben.

Nun erst einmal zu Dir! Es ist ja ganz entsetzlich, daß ihr vor lauter Morast und Schlamm kaum weiterkönnt. Du schreibst von einem Großangriff der Russen. Ach, lieber Hans, Du ahnst nicht, wie sehr ich auf Deine nächste Nachricht warte. Wie hast Du es nur zustande gebracht, über den steglosen, reißenden Fluß zu kommen, um Deinen Kommandeur zu erreichen? Wenn Du doch nur diese schreckliche Zeit gut überstanden hast! Alle meine Gedanken kreisen mit tausend bangen Sorgen um Dich.

Kurz zu mir: Ich mußte eine Nacht im Spital bleiben. Der Arzt dort machte mir den Vorwurf, nicht schon längst gekommen zu sein und steckte mein Bein bis weit übers Knie hinauf in einen Gehgips. Das ganze Unterfangen hat mein Budget bis zum Ende der Ferien aufgebraucht. Meiner Mutter will ich damit nicht in den Ohren liegen. Weil doch alles wieder gut wird, will ich weiter nicht klagen.

Nun zur Ablenkung für Dich etwas anderes: In meinem Zimmer hier gibt es jeden Abend ein Konzert, ein Mäusekonzert. Das ist so melodiös und so lieblich, daß es mich meistens schon nach den ersten Tönen in süße Träume wiegt. Und weil ich schon beim Konzert angelangt bin, will ich gleich auf ein ähnliches Thema übergehen, und zwar von Konzertmusik auf Tanzmusik! Wie gerne würde ich wieder einmal eine Nacht durchtanzen! Im Augenblick könnte ich es ja nicht, aber im späten Herbst, wenn Du auf Urlaub kommst, dann wollen wir einmal in die allerschönste Tanzbar gehen, einverstanden? Verzeih, wenn ich jetzt in Deiner Schreckenslage mitten im Kriegsgeschehen mit so verrückten Dingen daherkomme. Aber ich denke eben immerdar an unser Wiedersehen. Da wollen wir doch alles nachholen, was wir so lange versäumen mußten.

Ich erwidere Deinen wirklichen Kuß, den Du mir mit Rotstift brieflich gegeben hast, ganz innig und schicke Dir am besten gleich mehr davon zurück, aber lauter unsichtbare.

Mit tausend innigen Wünschen
Deine Luise

28. VIII. 42

Mein lieber Hans!
Vor einer Woche habe ich meinen letzten Brief an Dich
abgesandt. Keine Nachricht von Dir seit 31. VII. 42!
Kannst Du Dir vorstellen, was das für mich bedeutet?
Seit einem Monat kreisen alle meine sorgenvollen Gedanken nur noch um Dich. Es fällt mir ganz schwer,
mich auf meine Arbeit zu konzentrieren. Immerfort studiere ich Deine Brückenkopfskizze aus Deinem letzten
Brief und erkenne immer mehr, in welcher Gefahr Du
Dich befandest. Doch ich will meine Zuversicht nicht
verlieren und fest hoffen, daß alles gut vorbeigegangen
ist und daß ich bald von Dir höre!

Gestern bekam ich von unserem Dachstein-Lebens-
retter einen Brief, in dem er mich einlädt, mit ihm und
seinem Freund eine Tour auf die Bischofsmütze zu unternehmen. Dies wäre wohl zu schön, um wahr zu sein.
Damals als ich mit ihm auf dem Gipfel des Dachsteins
stand, beschlossen wir, gelegentlich auch einmal der so
verlockenden Bischofsmütze aufs Haupt zu steigen. Sie
ist etwas schwieriger zu erklimmen als der Dachstein.

Nun, dieser Traum ist für mich für einige Zeit ausge-
träumt. Ich muß froh sein, daß ich mit meinem Gipsbein meine Arbeit verrichten kann. Unlängst ist mir
mitten im größten Wirbel der Steigbügel herausgebro-
chen. Das war nicht gerade besonders angenehm.

Zur Zeit herrscht hier phantastisches Schönwetter.
Die Hügel und Berge der Umgebung schauen verlo-
ckend ins Tal hernieder. Ich darf leider vorläufig nur
sehnsüchtige Blicke hinaufwerfen und die saftiggrünen
Almen, die dunklen Wälder und die wuchtigen, zacki-
gen Felsen der Tauern nur von der Ferne bewundern.

Daran ist nun einmal nichts zu ändern und ich habe längst mit meinem Gips und seinen Begleiterscheinungen Freundschaft geschlossen. Schließlich hätte doch das verhängnisvolle Bergabenteuer einen viel böseren Verlauf nehmen können. Wieviele junge, lebensfreudige Menschen haben sich im Krieg ein Gebrechen zugezogen, an dem sie vielleicht ihr Leben lang zu leiden haben. Was bedeutet da schon ein kleiner Gelenksbruch!

Meine Arbeit hier gefällt mir sehr gut. Die Praktikantin, ein sehr nettes Mädchen und ich, wir hausen hier die meiste Zeit allein und schupfen sozusagen mit Erfolg den „Laden". Wenn es nachmittags schön und sonnig ist, verlegen wir den Schauplatz unserer geheimnisvollen Tätigkeit einfach vor die Türe und verleihen so dem Straßenbild von Radstadt ein besonderes Gepräge. Ein Fremder mag sich wohl wie in einem orientalischen und nicht wie in einem salzburgischen Städtchen vorkommen.

Im Augenblick sitze ich in einer heimeligen Ecke im Radstädter Caféhaus, höre nette Musik und bin briefschreibend mit meinen Gedanken bei Dir. Ein paar Wehrmachtsangehörige, denen langweilig ist und die den Anschein erwecken, mit allen ihnen zu Gebote stehenden Mitteln (ein bisserl reden, lachen, schauen, stören und so) einen würdigen Anschluß zu finden, sitzen mir gegenüber. Nun solltest Du natürlich meine bösen Blicke sehen. - Du würdest entsetzt sein.

Meinen Aufenthalt in diesem gepriesenen, jedoch ein wenig langweiligen Radstadt habe ich nun bis zum 21. September hinausschieben müssen, denn ich bin hier unabkömmlich. Eigentlich bin ich ganz froh darüber, denn ich habe ohnehin keine Lust, im schönen

Innsbruck mit einem Gipsbein herumzulaufen. Anschließend bleibe ich dann bis 19. Oktober in Innsbruck.

Nun muß ich endlich anfangen, Physik zu strebern. Im Herbst gibts eine Prüfung über den Stoff von 2 Semestern. Ich war in fast keiner dieser Vorlesungen, weil diese immer schon zu nachtschlafender Zeit (1/4 9 Uhr früh) stattgefunden haben, und weil der Professor, der zwar außerordentlich nett ist, leider einen nicht gerade aufmunternden Vorlesungsstil hat. Also heißt es stucken, bis daß der Kopf raucht.

Abschluß der Radiosendung ist wiederum: „Ich warte auf Dich, denn Du bist für mich ... ". Obwohl dieses Lied vom Text her auch für mich nur zu gut paßt, empfinde ich es als eine abgedroschene und ein wenig zu sentimentale Schnulze. Nun, ich bin schon froh, wenn dann nicht auch noch Lale Anderson ihre noch abgedroschenere „Lili Marlen" mit dem ganzen Charme ihrer dunklen Stimme in voller Lautstärke erklingen läßt.

Mit allen guten und innigen Wünschen für Dich und Dein Tun und mit der immerwährenden großen Bitte an den Himmel, daß er Dich beschützt und beschirmt, will ich mich für heute verabschieden.

Deine Luise

Innsbruck, 9. X. 42

Mein lieber Hans!

Voll ungeduldiger Erwartung auf ein Lebenszeichen von Dir, dennoch aber beseelt von der ungebrochenen Hoffnung, daß es Dir wohlergehen wird und nur Transportschwierigkeiten die Ursache des Ausbleibens Deiner Post sind, schreibe ich Dir wieder ein kleines Brieferl.

Fast drei Wochen bin ich schon hier und ich genieße Innsbruck in meiner Freizeit sehr (jetzt mit Zinkleimverband). In einer Woche werde ich dann traurigen Herzens sagen: „Innsbruck, ich muß Dich lassen ...". Die Stadt ist wunderschön, und die Umgebung ist einfach ganz herrlich. Es wäre schön, hier studieren zu können. Doch dagegen sprechen viele Gründe. Heidi und ich haben ein sehr schönes und angenehmes Zimmer im Studentinnenheim ganz in der Nähe unserer Institute. Wien hat außerdem noch viele andere Vorteile: Das Burgtheater, das ich so sehr liebe, die Oper, die Konzerte, die Liederabende, die Dichterlesungen und nicht zuletzt die Nähe zu meinem Heimatort.

Und Du, Hans, wirst wohl kaum nach Innsbruck kommen. So werden wir uns in Wien wiedersehen. Ich werde Deine Fremdenführerin sein, denn Du wirst schon vieles vergessen haben, da Du nun schon so lange fort bist. Ich bin inzwischen eine Großstädterin geworden und kenne mich schon überall recht gut aus. Nun, wir werden schon gemeinsam alles Schöne, was die Stadt zu bieten hat, ausfindig machen und genießen. Wäre es nur endlich einmal soweit, daß Du wieder „leben" kannst und das noch dazu mit mir!

Bis jetzt war hier herrliches Herbstwetter, doch nun

scheint es schön langsam Winter zu werden. Heute ist es schon ziemlich kalt! Wir haben es in der Heimat ja schön, erstens ist es nicht so übermäßig kalt im Winter, und zweitens können wir uns vor der Kälte schützen. Walte Gott, daß Du nicht noch einen russischen Winter ertragen mußt! Bei diesem Gedanken spüre ich förmlich die tobenden Scheestürme und die tiefen Temperaturen, die Dein Leben unerträglich machen würden und ich erschaudere aus tiefster Seele.

Ich wünsche mir und vor allem Dir: „Komm doch recht bald zurück in die Heimat!" Glaub mir, ich warte voller Ungeduld und Sehnsucht und mit Sorge auf eine Nachricht von Dir!

Deine Luise

19. X. 42

Mein lieber Hans!
Heute schicke ich Dir allerletzte, liebe Grüße aus Innsbruck. Morgen geht's nach Wien zurück.

Ich bin heute ziemlich traurig und erschüttert, weil der Bruder einer Freundin aus einem Nachbardorf gefallen ist. Wir waren gute Freunde und haben oft recht schöne und lustige Stunden mitsammen verbracht, beim Heurigen oder bei Kirtagen. Nun ist er tot, noch so jung und schon tot. Und er hätte den väterlichen Hof übernehmen sollen! - Jetzt ist es schon so, daß fast jede Woche, manchmal schon jeder Tag eine neue Hiobsbotschaft bringt. Wie lange wird das noch so weitergehen?

Verzeih, Du erlebst doch Tag für Tag so viel Erschütterndes, siehst so viel Unglück um Dich, ohne helfen zu können und bist noch dazu selber tausend Gefahren ausgesetzt, und ich schreibe Dir von meinen persönlichen traurigen Erlebnissen.

So will ich mich nun bemühen, etwas ganz anderes zu denken. Ich stelle mir z.B. vor, daß Du da neben mir sitzt, und daß wir gar nicht wissen, wovon wir reden und was wir zuerst tun sollen. Wir freuen uns. Wir reden überhaupt nichts. Wir schweigen miteinander. Wir schauen uns in die Augen und wir sind beide glücklich. Bei diesen Gedanken wird mir gleich so leicht und froh ums Herz. Du bist heute einmal ganz in Zivil, hast Deine Uniform abgelegt und auf den Krieg vergessen. Du hast Urlaub und Du fühlst Dich wohl und geborgen in der Heimat. Alles Schreckliche ist Vergangenheit geworden, die Gegenwart gehört nun ganz allein uns, und die Zukunft liegt froh und voller Sonnenschein vor uns. Eine Zukunft von zwei, drei oder vielleicht von mehreren Tagen? Illusion! Aber es ist so schön von Deiner Wiederkehr zu träumen!

Nun hast Du bald Namenstag. Ich wünsche Dir, daß Du diesen Tag für Dich ein wenig feierlich begehen kannst, indem Du mehr als sonst an Deine Lieben und an mich denken kannst, an Deinen Tugendengel, der allen Segen des Himmels auf Dich herabfleht, der mit tausend bangen Sorgen im Geiste bei Dir ist, der Dich immerzu beschützen will und der nie mehr, solange Du ferne bist, von Deiner Seite weichen wird.

Innigst

Deine Luise

23. X. 42

Lieber Hans!
Gestern war der schrecklichste Tag meines bisherigen
Lebens. Mir war zumute, als müßte das Rad meines Lebens für immer stillstehen. Du mein Hans, Du sollst
vermißt sein! Mein Gott, wie kann das Schicksal so un-
barmherzig sein.

Ich habe es in Wien von Helga erfahren. Sie weiß es
von Deinem Bruder. Sofort bin ich aus Wien davonge-
laufen und nach Hause gefahren. Kann es denn wirklich
möglich sein, daß mir der liebste Mensch auf dieser
Welt genommen wurde? Nein, das kann und will ich
einfach nicht glauben. Nein, Du lebst noch irgendwo,
vielleicht unter ganz schrecklichen Lebensbedingungen,
aber Du lebst, und Gott wird Dir irgendwann den richtigen Weg in die Heimat weisen. Vermißt ist noch nicht
tot! Ich warte auf Dich! Eines Tages wirst Du vor mir
stehen, wir werden einander in die Arme sinken und
einmal so richtig vor lauter Glück weinen. Man hat mir
doch bis jetzt keinen meiner Briefe, die ich Dir geschrieben habe, zurückgeschickt. Vielleicht hast Du einige davon noch bekommen. Mein lieber Hans, Dein
Ketterl, das beste und teuerste Andenken an Dich, das
ich habe, betrachte ich oft voller Zärtlichkeit. Ich werde
es immer - Tag für Tag - tragen. Seit gestern weiß ich
so vieles ganz genau, ganz deutlich. Ich kann mir meine
Zukunft ohne Deine Briefe, ohne die Hoffnung auf unser Wiedersehen und ohne Dich und unsere ersehnte
Gemeinsamkeit gar nicht mehr vorstellen.

Wir werden uns bestimmt wiedersehen, wir haben
uns doch so viel zu sagen. Sollte ich Dir am Anfang unserer Bekanntschaft durch ein Wort aus meinem Mund

oder durch ein paar Zeilen spitzen Inhaltes wehgetan haben, so trag es mir nicht nach. Es war doch alles nur ein Zeichen dafür, daß Du mir nie gleichgültig warst. Die Art und Weise, wie wir uns kennenlernten, war doch so ungünstig. Helga und meine Freundschaft zu ihr standen immer zwischen uns. Du hast Helga gekränkt durch Dein Verhalten. Ich hatte nun die Aufgabe, Dich in gleicher oder noch viel ärgerer Weise „zurückzukränken". Als Du mich dann in Wien besuchtest, mußte ich meine Freude darüber tief in meinem Herzen verbergen. Mein Gefühl und meine Vernunft kämpften hart miteinander. Ein wenig mißtrauisch war ich natürlich auch, ich wußte nicht, ob ich allem, was Du mir sagtest und was Du mir schriebst, Glauben schenken durfte. Daher war ich oft mehr als nötig zurückhaltend. - Doch schließlich kam alles so, wie es kommen mußte.

Nun wollen wir einander nie mehr freiwillig Kummer bereiten, sondern uns nur noch lieben, endlos lieben und miteinander glücklich sein. Ich bin so voller fester Zuversicht, daß wir uns wiedersehen werden und so voller Hoffnung und ich bin so unglücklich, weil ich nicht weiß, wo Du bist und wie es Dir geht und weil ich schon so lange keine Nachricht mehr von Dir habe. Vielleicht ist es gar nicht wahr, daß Du vermißt bist, vielleicht ist es einfach nur ein Irrtum! So habe ich mir nun alle meine Gedanken frisch von der Seele weggeschrieben. Wahrscheinlich hätte ich sie besser meinem Tagebuch anvertrauen sollen. Aber nein, ich schicke diesen Brief weg. Er muß russischen Boden erreichen. Vielleicht kommt er doch noch in Deine Hände. Vielleicht geschieht ein Wunder!

Dies alles wünscht sich und Dir in Liebe ganz innig
Deine Luise

Kapitel 5

Aus Luises Tagebuch

8. XI. 42

Eben hörte ich mir die Führerrede an. Sie hat mich begeistert. Nun ist aber die Stimmung im Vaterland nicht gerade die allerbeste. - Der Krieg hat schon so vielen Familien so viel Elend und bitteres Leid gebracht. Leid, das nie wieder gutzumachen ist. Aber gerade die, die am wenigsten Grund haben, den Kopf hängen zu lassen, sind am meisten unzufrieden. Unsere Soldaten an der Front zeigen noch eine andere Haltung und beweisen das Tag für Tag durch den heldenhaften Einsatz ihres Lebens. Deutschland muß und wird siegen, und dann werden wieder schönere Tage kommen für unser Volk.

Lieber Hans, ich will daran fest glauben, daß Du noch lebst und daß Du meine Gedanken und Gefühle, die ich hier niederschreibe, einmal lesen wirst. Warum solltest Du denn auch nicht mehr sein? Schließlich brauchen ja auch unsere Gegner Leute, die ihre Arbeit zu Hause besorgen.

Dein Bruder hat mir einen lieben Brief geschrieben. Du wurdest also am linken Oberarm verwundet und zurück an den Verbandsplatz gebracht. Doch dieser Ort fiel bald darauf in russische Hände. Von Dir fehlt seitdem jede Spur. - Sicherlich arbeitest Du irgendwo schwer im Feindesland als Gefangener. Ich bin mit jedem meiner Gedanken immerzu bei Dir. Einmal wird diese Schreckenszeit vorbei sein, und dann wirst Du wieder daheim sein können bei Deiner Familie und bei mir. Wir werden alle sehr, sehr glücklich sein.

Sollte aber Deine Verwundung so arg gewesen sein, daß Du sterben mußtest - ein schrecklicher Gedanke - dann hast Du wie so viele andere Dein junges Leben für Goßdeutschland geopfert, für Deine Heimat, Dein Volk und Dein Vaterland. In meinen Gedanken wirst Du weiterleben. Du warst und bleibst für alle Zukunft mein Glück, meine Freude und auch - mein Stolz!

Deine Briefe werde ich aufbewahren wie ein Heiligtum und Dein Ketterl wird mir immer das liebste und kostbarste Kleinod hier auf Erden bleiben. In den wenigen Stunden des Zusammenseins, die uns vergönnt waren, verstanden wir uns doch so gut und spürten deutlich, daß wir so viel Gemeinsames an Gedanken und Empfindungen hatten und wünschten uns damals schon im Geheimen, daß wir einander einmal alles sein könnten, ein Leben lang.

Inzwischen habe ich noch immer keine meiner vielen Briefe, die ich Dir seit Juli geschrieben habe, zurückbekommen. Man kann doch die Briefe nicht einfach wegwerfen, das wäre doch unvorstellbar.

So bleibt mir noch ein Funken Hoffnung. Vielleicht bist Du irgendwo in einem Lazarett, vielleicht nimmt man an, daß Du eines Tages wieder unter den Deinen sein wirst. Dann wirst Du alle meine Briefe und mein mit so viel Liebe zusammengepacktes Geburtstags-geschenk in Deine Hände bekommen, auch mein Photo, das ich mit dem Selbstauslöser gemacht habe und von dem ich glaube, daß es sehr nett geworden ist und das ich mit einer besonders schönen Widmung an Dich versehen habe. Du wirst dann ob Deiner großen Freude damit soviel Grausames, das Du inzwischen erleben mußtest, ein wenig vergessen können.

Und schon überfällt mich wieder tiefe Traurigkeit gemeinsam mit Hoffnungslosigkeit. Daß gerade wir in unserer Jugend eine so unglückliche Zeit erleben müssen! Unbegreiflich ist es mir auch, daß immer ausgerechnet diese jungen Menschen, die so wertvolle Fähigkeiten in sich haben, womit sie soviel Gutes auf Erden tun könnten, in erster Linie ihr Leben lassen müssen! Und doch ist das andererseits wieder erklärlich und verständlich. Sie sind es ja, die soldatischen Mut besitzen, die an den vordersten Linien kämpfen und bereit sind, ihr Leben für das Wohl des Vaterlandes einzusetzen.

Einer von denen warst auch Du, mein Hans. Du bist freiwillig und voller Einsatzfreude in die vordersten Reihen gegangen. Das Schicksal hat Dich ereilt.

Ich werde Dich mein Leben lang nicht vergessen. Immer wirst Du in meiner Erinnerung fortleben, ganz egal, ob mir meine Zukunft Glück oder Unglück bescheren wird. Noch bist Du Tag für Tag mein erster und mein letzter Gedanke. Dich für immer verloren zu haben, kann ich einfach nicht glauben und ich kann es mir nicht vorstellen!

Als Luise lange Zeit später wieder einmal diese Tagebuchaufzeichnungen las, wunderte sie sich sehr, daß sie einstmals so unrealistisch denken konnte. Was hatte sie sich nur vorgestellt bei dem Gedanken, den sie niederschrieb: „Vielleicht nimmt man an, daß Du eines Tages wieder bei den Deinen sein wirst ...."?

Damals konnte und wollte sie wahrscheinlich die Realität, die da hieß, daß Hans vermißt war, nicht zur Kenntnis nehmen und daher hielt sie in ihrem Denken das Unmögliche für möglich!

Tagebuchaufzeichnung am 12. XI. 42

Ein klein wenig bin ich nun schon mit meinen Gedanken zur Ruhe gekommen. Nun will ich fleißig lernen und arbeiten und weiterhoffen auf eine gütige Wendung der derzeitigen Lage.

Wenn das Schicksal aber Dich mir wirklich nahm, dann will ich mich bemühen, ihm nicht mehr gram zu sein, sondern mein Opfer dem Deinen gleichstellen. Es ist ein großes Opfer, das da von mir verlangt wird, vielleicht das größte meines Lebens. Aber haben nicht so viele Menschen ein noch viel größeres Opfer bringen müssen! Mütter sehen ihre einzigen Söhne nie wieder, Frauen verloren nicht nur ihre geliebten Männer, sondern auch den Vater ihrer Kinder. Sie alle durften auch nicht verzagen.

So will auch ich stark sein und daran denken, daß Du im Kreise Deiner Getreuen durch Deinen Heldentod für Deutschlands Ehre im großen Völkerringen gekämpft hast, daß Du Dein Blut vergossen hast für unser aller Wohl, für Deutschlands Sieg. Und das soll mir ein kleiner Trost in meinem großen Leid sein.

Bei der Lektüre ihres Tagebuches Jahre später war Luise erschüttert über ihre damalige Lebenseinstellung. Sie erschrak über sich selbst. Wie eingeengt war doch zu dieser Zeit ihr Blickfeld! Wie sehr hatte sich inzwischen ihr Weltbild und ihre Weltanschauung geändert. Für sie könnte es niemals wieder eine noch so gute Idee, eine noch so gute glückverheißende Ideologie geben, die es wert wäre, Menschenleben dafür hinzuopfern.

Was für sie zählt auf dieser Welt, ist nur noch Humanität und Pazifismus, ein Miteinander oder auch ein Nebeneinander unter den Menschen, keinesfalls ein Gegeneinander. Sie hat in ihrem Denken ihre persönliche Liebe zu ihrer Heimat und zu ihrem eigenen Volk gewiß nicht ausgeschaltet. Nur ist sie nicht so vermessen zu glauben, daß die Menschen ihrer Heimat, ihres Vaterlandes, bezogen auf die gesamte Menschheit, berechtigt sind, eine moralische und politische Vorrangstellung für sich beanspruchen zu können.

Mitte Dezember 1942 bekam sie alle ihre Briefe zurück mit dem Vermerk: „Zurück an Absender, Empfänger vermißt".

Die Mitteilung auf dem Briefumschlag gab ihr endgültig die Gewißheit, daß ihrem Hans ein Unheil zugestoßen war. Eine noch tiefere Traurigkeit erfaßte ihre Seele, zog sie fort aus Wien in ihren Heimatort. Dort konnte sie ihre Traurigkeit besser überwinden und Ablenkung in Haus und Hof und in der freien Natur finden. Gewiß war ihr geworden, daß sie sich weiterhin an die Hoffnung klammern wollte, Hans einmal wiedersehen zu können. Nach ein paar Tagen kehrte sie nach Wien zurück zu ihrem Studium, das sie damals ziemlich intensiv betrieb. Die Weihnachtszeit verbrachte sie wieder wie alljährlich in ihrem Elternhaus.

In ihr Tagebuch schrieb sie am
23. XII. 42

Ich sitze daheim in unserer Stube in einer heimeligen Ecke neben dem Kachelofen und ich hänge meinen Gedanken nach.

Vor einem Jahr dachte Hans so viel an mich, mehr jedenfalls, als ich zu hoffen gewagt hatte. Heuer ist alles ganz anders. Ich fühle mich unendlich traurig. Hans ist seit 4. August vermißt. Seit 31. Juli habe ich nie mehr eine Nachricht von ihm bekommen.

Während ich über ihn und sein ungewisses Schicksal nachdenke, fällt mir plötzlich ganz deutlich etwas Schreckliches ein, etwas, was er mir damals in E., als wir uns kennenlernten, bezogen auf den Krieg erzählte.

Er sagte, daß er sich vor kurzem als Freiwilliger an die russische Front gemeldet hätte und daß er sich alles vorstellen könnte in diesem Krieg, nur eines könnte er sich keinesfalls vorstellen, nämlich in russische Kriegsgefangenschaft zu geraten. Sollte dies eintreten, fügte er hinzu, würde er es für sich persönlich nicht zulassen, da würde er schon lieber freiwillig den Tod wählen.

Natürlich hat mich seine Aussage damals ein paar Sekunden lang sehr berührt, doch an jenem Tag, der für mich so voller Glück war, schob ich alles rasch von mir weg, was meiner Freude im Wege stand. Nun aber höre ich genau wieder seine Worte und bin darüber tief erschüttert.

Das kann doch alles nicht so gekommen sein! Soll ich mir wirklich meinen letzten Hoffnungsschimmer auf seine Wiederkehr im Gedenken daran zerstören lassen? Nein, das will ich nicht. Ich will vielmehr weiter hoffen auf das Wunder, daß alles Unglück sich in

Glück verwandeln wird.

Wochen vergingen. Luise war nun schon zweiundzwanzigeinhalb Jahre alt. Doch sie war gewiß noch jung genug, um trotz aller Traurigkeit die Freude am Leben nicht zu verlieren. Sie lernte in ihrem Heimatort Georg kennen, einen Leutnant aus dem Schwabenland.

Aus Luises Tagebuch:
26. März 43

Meine liebe Freundin Hanni hat vorgestern ihren Franz geheiratet. Schön und sehr feierlich war diese Hochzeit. Die beiden haben gestrahlt vor Glück und Freude, das war ganz besonders schön und ergreifend. Wir Hochzeitsgäste waren natürlich auch alle fröhlich.

Dennoch hat mich mein Empfinden nicht getäuscht, daß alle Fröhlichkeit vom bisherigen Kriegsgeschehen und von einem gewissen angstvollen Blick in die Zukunft überschattet war. Fast in jeder Familie der Gäste hat der Krieg schon seine bleibenden Wunden geschlagen. Im Oktober 42 ist Hannis Bruder gefallen. Mich hat das so bewegt, daß ich darüber Hans in meinem Brief aus Innsbruck geschrieben habe. Was dieses Unglück damals für die Familie und vor allem für den Vater bedeutet hat, kann man sich lebhaft vorstellen. Ich glaube, er hat sich von diesem Schrecken und Leid bis heute nicht erfangen. Nun ist Hanni die Erbin des Hofes, was für sie Arbeit in Hülle und Fülle bringen wird. Franz muß ja doch wieder fort in den Krieg. Walte Gott, daß er gesund wiederkommt!

In der Kirche bei der feierlichen Musik habe ich schon manchmal mit den Tränen gekämpft. Die zwei Worte auf dem Briefumschlag: „Empfänger vermißt" haben sich tief in meine Seele eingegraben. In dieser festlichen Stunde ist mir die Tragweite ihrer Bedeutung besonders klar bewußt geworden. Trotzdem ist es mir gelungen, bei der Hochzeitstafel immer gute Laune zu zeigen. Mit meinem Schmerz muß ich schon allein fertig werden, da kann mir niemand helfen. Auch Georg ist es nicht imstande.

Tagebuchaufzeichnung vom 17. April 43

Noch bin ich jung und ich bin so lebenslustig. Ich möchte nicht in meinem Kummer ersticken. Ich will auch nicht ganz an meinem jungen Leben vorbeileben. Ich habe mich an Georg gewöhnt und fast möchte ich ihn nun nicht mehr missen. Doch hadere ich insgeheim mit dem Schicksal, weil es nicht Hans sondern Georg ist, mit dem ich so viel gemeinsame Zeit verbringen darf, von dem ich soviel Zuwendung und so viel Nähe erfahre. Ich glaube, daß ich in Georg einen treuen und verläßlichen Freund gefunden habe, vielleicht den treuesten meines Lebens. Doch er kann mir meinen ungebrochenen Traum vom Glück, wie er mir vorschwebt, nicht erfüllen. Irgendwann werde ich mich wieder von ihm trennen, wenn die Zeiten ruhiger werden. In meinem Herzen hoffe ich jetzt mehr denn je auf die Wiederkehr von Hans. Georg sagt manchmal, daß ich für ihn ein Rätsel bin, denn mein Verhalten ihm gegenüber wäre voller für ihn unverständlicher Widersprüche.

Da bin ich dann oft recht unglücklich über mich selber - über meine zerrüttete Seele, über mein Schicksal. Genaugenommen führe ich jetzt zwei Leben, eines, das wirklich ist, das mir gehört, meiner Jugend und meiner Lebenslust, das ich aber nur mit halbem Herzen leben kann und eines, das ich mit vollem Herzen Hans verschrieben habe.

Einige Zeit später kam Georg an die Front. Er wurde leicht verwundet, kam zurück nach Wien und suchte unentwegt Luises Nähe. Er wurde geheilt, wurde wieder an die Front geschickt, wurde wieder verwundet und kam in ein Lazarett im Riesengebirge. Luise besuchte ihn dort mit ihrer Freundin Heidi. Einige Urlaubstage verbrachte er mit Luise am Tegernsee, wo sie ihren Bruder in einem Lazarett besuchen konnte. Dann verbrachten sie noch gemeinsam eine Woche bei Luises Familie.

Georg spielte gewiß keine unbedeutende Rolle mehr in Luises Leben, er nahm bereits einen festen Platz an ihrer Seite ein; bis zum September des Jahres 1944, als er wieder an die Front mußte. Zurück blieb nur die Erinnerung und ein Briefwechsel zwischen beiden, der nach und nach immer mehr versiegte, weil die Wirren des Krieges ständig ärger wurden, und die Verbindung zwischen Front und Heimat abgebrochen wurde.

Zurück blieb aber auch in Luises Herzen das große Hadern mit dem Schicksal, das ihr anstelle von Hans Georg beschert hatte.

Über den Krieg und die Politik

Nach der Schlacht bei Stalingrad, die am 14. September 42 begonnen hatte und am 31. Jänner 43 beendet wurde, konnten im Februar 43 viele der Irregeführten an einen guten Ausgang des Krieges nicht mehr recht glauben. Nach und nach verloren sie auch die Begeisterung für die bereits recht angeschlagenen Ideale des Nationalsozialismus. Für Luise war es nun schon unerklärlich geworden, daß Hitler nach dem sinnlosen Massenmorden an der Front und der Vernichtung in seinem Reich nicht kapitulierte und daß es keine Möglichkeit gab, ihn dazu zu zwingen.

Das Abhören ausländischer Radiosender war verboten. In einer Diktatur ist bekanntlich stets alles verboten, was dem Ansehen des Diktators schaden könnte. So wurden die folgenden tatsächlichen Ereignisse erst viel später - nach dem Kriegsende - der Allgemeinheit zur Kenntnis gebracht.

Die Generäle in Stalingrad bekamen von Hitler, ihrem Oberbefehlshaber, keine Erlaubnis, sich zu ergeben. Hitler verlangte von ihnen, daß sie ihre Stellungen bis zum letzten Mann und bis zur letzten Patrone halten

192

müßten. Sie waren sich des Wahnsinns dieser Forderung bewußt. Angesichts der Aussichtslosigkeit dieses Kampfes wären den Soldaten eine Unzahl schrecklicher Gemetzel durch die rechtzeitige Kapitulation erspart geblieben. Eine Unmenge erschöpfter Soldaten mit ihren Offizieren, soferne diese nicht freiwillig den Tod durch Sicherschießen vorzogen, wurde in die sibirischen Kriegsgefangenenlager abtransportiert. Viele von den Gefangenen gingen schon auf diesem qualvollen Weg elend zugrunde.

Angeblich hieß es in einem Befehl von oben her, daß ein Offizier nicht lebend in Gefangenschaft gehen könne, weil dies unehrenhaft sei. Ein Offizier habe sich zu erschießen. Allerdings habe er erst dann die Pflicht und das Recht dazu, wenn seine Truppe vom Feind überrollt worden sei.

Die deutsche Armee erlitt in Stalingrad vermutlich die tragischste Niederlage ihrer Geschichte, so heißt es. Also waren die Tage des Dritten Reiches auch schon gezählt. Diese Erkenntnis hatten die Führer der Wehrmacht, die miteinander in den schrecklichen Ereignissen standen, längst schon gewonnen. Nur der große Führer Adolf Hitler, der sich selber zum Oberbefehlshaber der Deutschen Wehrmacht und sich sogar nach dem Rücktritt von Generalfeldmarschall Brauchitsch im Rußlandfeldzug zum Oberbefehlshaber des Heeres ernannt hatte, stand stets allen ihm berichteten Tatsachen und Mahnungen taub und blind gegenüber und verlangte Unmenschliches von seinem Heer. Er war bereits so sehr in seinen maßlosen Wahnideen verfangen, daß er jede gesunde Beziehung zur Wirklichkeit verloren hatte.

Hitler war anfangs sicher der Überzeugung, daß er

Rußland im Blitzkrieg so wie andere Staaten vorher einnehmen hätte können. Daher war leichtsinnigerweise nicht einmal für eine ausreichende Winterbekleidung für seine Soldaten gesorgt. Er hat auch die schlechten russischen Straßenverhältnisse unterschätzt. Vollkommen unterschätzt aber hat er den russischen Winter. Dieser war sozusagen der große Verbündete des sowjetischen Heeres.

Später, am 20. Juli 1944 kam es auch zu einem gut vorbereiteten Anschlag gegen Hitler. Doch dieser scheiterte. Auch lange vorher soll es schon Anschläge gegeben haben, doch es waren alle zum Scheitern verurteilt. So ging das Kriegsgemetzel erbarmungslos weiter, im Osten und im Westen.

Vermutlich war Hitlers letzte Hoffnung nach den grauenhaften Niederlagen die Atombombe. Doch dieses teuflische Mordinstrument gelangte nicht in seine Hände, sondern in die der Amerikaner. Wie man später erfuhr, wurde die erste Atombombe nach ungeheurem wissenschaftlichen, technischen und finanziellen Aufwand im Juli 45 fertiggestellt. Amerika scheute nicht davor zurück, diese am 6. August 45 über Hiroshima abzuwerfen. Eine zweite Atombombe zerstörte am 9. August Nagasaki. Es waren diese Schreckenstaten durch nichts zu rechtfertigen. Japan war durch alle anderen Kriegsereignisse so geschwächt, daß es wahrscheinlich längst zu kapitulieren bereit gewesen wäre.

Das blinde Vertrauen

Doch wieder zurück nach Großdeutschland ins Jahr 1944:

Die Kriegswirren wurden immer größer. Auch in Wien fielen im September 44 die ersten Bomben. Kurze Zeit vorher hatte Luise ihr Studium beendet. Sie erlebte die schreckliche Bombenzeit in Wien-Simmering. Zu Beginn des Jahres 45 erfuhr Luise erstmals authentisch von den furchtbaren Morden, die an der jüdischen Bevölkerung begangen worden waren. Sie wurden davor mit allergrößter Sorgfalt vertuscht. Einst hätte sie es wohl nicht für möglich gehalten, daß Hitler zu solchen Untaten fähig gewesen wäre. Aber nun war es soweit, daß sie ihm auch diese Grausamkeiten zutraute.

Natürlich wußte Luise von Anfang an, daß Hitler sowohl die Juden als auch die Zigeuner nicht in seinem Reich haben wollte. Allgemein hieß es in ihren Kreisen, daß viele Juden freiwillig ausgewandert wären und daß die andern zum Auswandern gezwungen wurden. In ihrem persönlichen Bekanntenkreis gab es keine sogenannten Nichtarier.

Außer in der Mittelschule, da hatte sie eine jüdische Mitschülerin. Diese war eine sehr liebe und sympathische Schulkollegin. Eines Tages, noch vor dem Anschluß Österreichs an Deutschland, hieß es, sie wäre mit ihrer Familie ins Ausland übersiedelt. Lange nach Kriegsende erfuhr Luise zu ihrem großen Leidwesen, daß ihre Mitschülerin in einer Gaskammer umgebracht wurde. Luise selbst hatte nie einen Juden zu Gesicht bekommen, der durch sogenannte niedere Arbeiten und durch Verspottung gedemütigt worden war. Doch hat es solche Mißhandlungen gegeben, wie man erfuhr.

Für sie war es eigentlich schon genug der persönlichen Demütigung für die Juden, daß jeder von ihnen, der auf die Straße ging, mit dem Davidstern am Arm gekennzeichnet war. Manchmal empfand sie echtes Mitleid mit diesen Gezeichneten, besonders dann, wenn sie einem solchen begegnete, der schon älter und gebrechlich war. Öfters kam ihr der Gedanke, daß es eigentlich kein persönliches menschliches Verdienst wäre, als ein Arier geboren worden zu sein, kann sich doch kein Mensch seine Eltern und seinen Stammbaum selber aussuchen.

Das waren wohl aber nur Gedanken, die kamen und bald auch wieder gingen. Autoritätsgläubig und kritiklos und von Hitler begeistert, wie sie damals war, fand sie für sein Vorgehen doch wieder eine Entschuldigung in seiner Idee von der großdeutschen Volkszusammengehörigkeit.

Später allerdings wurde die Erinnerung wach an die sogenannte „Reichskristallnacht", die im November des Jahres 1938 stattfand, und über deren unfaßbare, unmenschliche Schreckenstaten immer wieder nach dem Kriegsende berichtet wurde.

Luise, die am Dorfe lebte, bekam davon nichts zu spüren. Allerdings am Weg vom Bahnhof der Stadt zum Schulgebäude bemerkte sie, daß die Fenster eines jüdischen Textilwarengeschäftes eingeschlagen waren. Das machte sie sehr betroffen. Sie dachte bei sich: „Das ist doch eine menschenfeindliche Untat, so etwas dürfte wirklich nicht passieren. Es ist ein Unrecht geschehen ...." Aber bald war es wieder vorbei, das Nachdenken, das Betroffensein, hatte sie doch an diesem Tag Mathematikschularbeit. So konzentrierten sich ihre Gedanken auf dieses bevorstehende Ereignis. - Mit „Heil Hitler!" mußte man die Lehrpersonen grüßen - auch an diesem Tag. Niemand nahm offensichtlich echten Anstoß an dem Geschehenen.

Das blinde Vertrauen des deutschen Volkes in die neue politische Idee war groß. Allerorts hieß es doch: „Führer befiehl, wir folgen!" Diejenigen, die anders dachten, mußten schweigen, waren hilflos. Und so nahm alles seinen Lauf.

Luises feste Überzeugung war immer, daß kein Mensch und keine Ideologie sich das Recht herausnehmen dürfte, unschuldige Menschen einfach zu töten. Und so war ihr vollkommen klar, daß dieses unschuldige Blut über ihr eigenes Volk kommen mußte. Das war ja nun auch schon in aller Härte geschehen.

Das Kriegsende

Das Kriegsende mit allen seinen Schrecken und dem Einmarsch der Russen erlebte sie in ihrem Elternhaus bei ihrer Mutter und ihren Geschwistern. Das Chaos war groß. Luise und die Menschen in ihrer Umgebung waren vogelfrei. Es war eine grauenhafte Zeit. Die engere Umgebung ihres Heimatdorfes wurde damals noch zum Kriegsschauplatz, zum letzten allerdings. Nach zwei Wochen voller Angst und Schrecken, ungefähr Mitte April, wurden die Waffen niedergelegt. Jedoch die Russen wüteten weiterhin auf ihre Weise grausam in Luises Heimat. Sie raubten und zerstörten alles, was sie bei ihren Bajonettsuchaktionen erbeuten konnten. Sogar das stets so liebevoll gehütete Ketterl von Hans fiel in ihre Hände. Die Briefe und Tagebuchaufzeichnungen aber blieben wie durch ein Wunder unversehrt.

Inzwischen hatte Luise wieder einen Wegbegleiter gefunden, der ihr beistand in der Zeit, als in Wien die Bomben fielen und der sich auch nach dem Einmarsch der Russen um sie kümmerte, wann es ihm möglich war. Das war gut so und auch schön. Doch nach und nach zerfielen auch diese Bande. Sie waren von Anfang an zum Zerfall verurteilt. Für Luise war Hans von allen guten Freunden bisher und auch noch später unerreicht geblieben. Der Eindruck, den sie von ihm gewonnen hatte, und das Gefühl. das sie ihm entgegenbrachte, blieben für sie noch lange das Maß aller Dinge bei der Auswahl eines für sie in Frage kommenden Lebenspartners.

Im Juni 45 gelang es ihr endlich unter schwierigen Umständen, wieder nach Wien zu kommen. Ihre einstige Arbeitsstätte war abgebrannt. Sie fand eine neue. Obwohl die Zeiten schlecht waren, ging es ihr gut in Wien. Sie hatte ein abwechslungsreiches Leben, einen großen Bekanntenkreis mit lieben und netten Menschen, die ihr in Freundschaft herzlich zugetan waren.

Der gute Georg, von dem sie infolge der Kriegswirren lange nichts mehr gehört hatte, nahm mit Hilfe des Roten Kreuzes wieder Kontakt mit ihr auf und plante bereits im Jahre 46 ein Wiedersehen in Form eines Treffens in einem kleinen Ort am Dürrnberg bei Hallein. Dort war es möglich, daß sich Deutsche und Österreicher ein Stelldichein geben konnten. Zwischen Österreich und Deutschland gab es wieder Grenzen, und es gab auch Besatzungsmächte. Georg hatte sein Studium abgeschlossen und war bereits in Stuttgart berufstätig. Luise wollte ihn nicht mehr wiedersehen. Ein Wiedersehen mit ihm wäre eine endgültige Entscheidung für ihn und für ein Leben mit ihm geworden. Sie wäre damals nicht imstande gewesen, in einer fremden Stadt und unter fremden Menschen zu leben und zu wirken. Viele Jahre später allerdings kam es ihr zum Bewußtsein, daß sie eine große Chance ihres Lebens ausgeschlagen hatte, als sie ihre freundschaftliche Beziehung zu Georg so jäh beendete. Doch das konnte sie damals nicht ahnen.

Laufend kamen nun schon Kriegsgefangene aus Rußland zurück. Luise verfolgte mit großer Anstrengung die Heimkehrerlisten. Niemand von ihren guten Bekannten und guten Freunden ahnte je, was Luise in ihrem Herzen verbarg. Sie hoffte immer noch auf die Wiederkehr von Hans. Als dann gegen Ende des Jahres 48 so ziemlich die letzten Kriegsgefangenen heimkehrten und Hans nicht unter ihnen war, wußte sie endgültig Bescheid, Hans war tot, wahrscheinlich sofort, bevor er noch in Gefangenschaft geriet - ein schrecklicher Gedanke - oder er war einer von denen, die verwundet gefangen wurden und elendiglich zugrunde gehen mußten - ein noch viel schrecklicherer Gedanke.

In ihr Tagebuch schrieb sie am 26. XII. 48:

Nun habe ich endgültig begriffen, daß das Schicksal erbarmungslos, hart und unerbittlich sein kann.

Hitler hat uns mit seinem Fanatismus, seinem Größenwahn und seinem unverantwortlichen Streben nach persönlicher Macht um unsere Jugend betrogen. Er hat unsere Idealvorstellungen, die Liebe und Treue zu unserem Volk und zum Vaterland schamlos und gewissenlos ausgenützt. Er hat der Welt nur Not, Leid und Unglück gebracht. Ein Menschenhasser muß er gewesen sein, sonst hätte er irgendwann, als alles schiefging, ein Ende des sinnlosen Mordens, ein Kriegsende herbeiführen müssen. So waren alle seine großen Worte von seiner Liebe zum deutschen Volk leere Worte, nichts weiter als eine Tarnung seiner krankhaften Eigenliebe. Einen Menschen wie ihn, der imstande war, sich in seinen Wünschen und Vorstellungen so sehr zu versteigen, solch ungeheuerliche Irrwege einzuschlagen, um unbeirrt von aller Realität um ihn herum seinem größenwahnsinnigen Streben nachzueifern, kann ich wahrlich nur aus tiefster Seele bedauern. Im Namen der unzähligen Opfer aber, die er auf sein Gewissen geladen hat, kann er wohl nur von aller Welt zutiefst verurteilt werden. In die Weltgeschichte ist er als einer der großen Unheilbringer und Massenmörder eingegangen.

Hans hat seine Entscheidung, an die Front zu gehen, frei und unbeeinflußt von mir getroffen. Vielleicht hätte ich doch wenigstens versuchen sollen, ihn davon zumindest während des Winters abzuhalten. Er hat oft genug in seinen Briefen von seinem Plan geschrieben, und ich habe ganz bewußt keine Stellungnahme dazu abgegeben, weil ich seine Willensfreiheit nicht beeinflussen wollte. Rückblickend war diese seine Entscheidung die Entscheidung für sein verlorenes junges Leben. Er war einer der irregeführten Idealisten, die damals fest daran glaubten, die Heimat verteidigen zu müssen, sollte doch der Krieg ihrer Meinung nach im Jahre 42 möglichst rasch siegreich beendet werden.

Als er mich im August 42 verlassen mußte, war ich noch so jung. Trotz des Krieges und meines großen Kummers im Herzen erlebte ich viele schöne Stunden. Ich konnte lachen und fröhlich sein. Dann und wann bescherte mir mein Schicksal sogar einen Hauch von Glück. Doch das ganz große, junge Glück in seiner unermeßlichen Fülle habe ich mit meiner Seele nie ganz erleben können, denn ich fand für Hans keinen gleichwertigen Ersatz.

Wie sehr ich mich manchmal auch bemühte, Hans aus meinem Herzen hinauszudrängen, weil die Hoffnung auf seine Heimkehr aus diesem Krieg im Laufe der Zeit immer mehr an Berechtigung verlor, gelang mir das eigentlich nie so richtig.

Über den Erfolg Hitlers
und die Begeisterung der Jugend
für den Nationalsozialismus

Als Luise viele Jahre später wieder einmal in ihrem Tagebuch von einst blätterte, überdachte sie ihre Betrachtungen über Hitlers Persönlichkeit. Was sie damals
empfand, war gewiß richtig.

Aber wäre Hitler denn je so größenwahnsinnig geworden, wenn er nicht eine so große und auch kritiklose
Anhängerschaft gefunden hätte? Nun, die Idee des Na-
tionalismus und die des Sozialismus waren gewiß keine
Erfindungen von Hitler. Lange vor seiner Zeit gab es
immer wieder das Bestreben, sich mit nationalistischem
und sozialistischem Gedankengut auseinanderzusetzen.
Hitler hat dieses Gedankengut aufgegriffen und es
schließlich zu seinem Nationalsozialismus, zu einer ras-
sistisch menschenfeindlichen Weltanschauung heran-
wachsen lassen. Er strebte nach Macht. Er bekam seine
Macht und er wurde groß, weil ihm das deutsche Volk
ein nahezu uneingeschränktes Vertrauen und eine maß-
lose Begeisterung für seine Persönlichkeit, seine Rede-

kunst und seine faszinierende Redegewalt, seine Energie und seine Taten entgegenbrachte.

Er vollbrachte anfangs auch gewiß große, erfolgreiche und bewunderungswürdige Leistungen für sein Volk, das nicht vorhersehen konnte, daß seiner Macht Gewalt folgte, die grenzenlos wurde und keinen Widerstand duldete. Konzentrationslager wurden eingerichtet. Unschuldige Menschen wurden hingerichtet.

Die Schuldigen waren verblendet. Sie wüteten in blindem Gehorsam ihrem Führer gegenüber oder aber auch, weil sie dazu gezwungen wurden, bis schließlich der totale Zusammenbruch diesem Treiben ein Ende setzte. Spätestens im Jahre 44 sah sich bereits die größere Masse von Hitlers einstigen Anhängern durch die sinnlose Kriegsführung im Osten und im Westen nur noch verraten und sie war enttäuscht und empört aber machtlos.

Luises Meinung ist es, daß man in dieser turbulenten Zeit gelebt haben muß, um den damaligen Zeitgeist, das Phänomen der Massenbewegung, die Gemeinschaftsidee mit den Gemeinschaftsaufmärschen und Gemeinschaftsgesängen und die Macht des Kameradschaftsgeistes überhaupt nur annähernd begreifen zu können und um wenigstens sagen zu können:

„Wir waren dabei, wir waren jung, wir sahen das Gute, wir waren begeistert. Der Geist, der damals durch unsere Zeit wehte, war verführerisch und mitreißend. Es schien, als wäre unser Land plötzlich aus einem Dornröschenschlaf erwacht.

Alles was man damals unter Idealismus verstand, wurde lebendig, Selbstlosigkeit, Vaterlandsliebe, Kameradschaftstreue, die Vereinigung aller Deutschen, ein

Großdeutschland. Wie konnte sich die Jugend für diese Ideen begeistern! Ein neues Leben, in dem die Jungen gefordert wurden, brach an. Es hatte sich im armen Österreich eine Revolution ohne Blutvergießen ereignet. Eine einzige und starke Führer-Persönlichkeit schien alles und alle unter ihre Fittiche zu nehmen.

Die Armut verschwand, die Bettler verschwanden, ein neues besseres Leben war angebrochen. Wagners großartige Musik wurde in allen Opernhäusern aufgeführt. Sie gab in ihrer hehren Erhabenheit Kunde von echtem Deutschtum und von Heldentum und eroberte im Nu die Begeisterung junger Menschen.

Jedoch unser Blickfeld war eingeengt. Blind waren wir für alles, was neben diesen Idealen ebenso einen festen Platz einnahm, nämlich die Machtgier der Obrigkeit, die Überschätzung, Anmaßung und Überheblichkeit, die Härte und Kälte, die es überhaupt ermöglichten, solche Ziele anzustreben."

Epilog

Bis der Tod sie trennte

Luises Leben nahm weiter seinen Lauf. Schließlich gründete sie voller guter Absicht und mit viel Idealismus eine Familie. Doch später mußte sie erkennen, daß sie nicht die richtige Partnerwahl getroffen hatte. Es ergab sich jedenfalls, daß Luise mit ihren Kindern im Jahre 1959 in eine Waldviertler Kleinstadt verschlagen wurde, um sich dort eine neue Existenz schaffen zu können.

Die Zeit floß dahin. Beinahe drei Jahrzehnte waren inzwischen im Nu vergangen.

Vor ungefähr drei Jahren erhielt Luise vom Bruder von Hans die Mitteilung, daß eine Totenmesse gelesen wurde, und daß er nun endgültig für tot erklärt wurde. Sie bekam auch ein Trauerbild.

Ein Jahr ist es nun her, daß Luise den Heimatort von Hans aufsuchte. Dieser ist ungefähr eineinhalb Autostunden von ihrem Wohnort entfernt. Der Friedhof dort ist um die schöne alte Kirche herum angelegt. Sie fand das Grab, in dem die Eltern von Hans ruhen. Auf dem Sockel des Grabsteins sind nun auch symbolisch zum steten Gedenken die Daten von Hans eingraviert. Nur er selbst ruht nicht dort, sondern irgendwo in weiter Ferne, irgendwo in Rußlands Erde.

Tief ergriffen stand Luise damals lange noch in der Kirche, in Gedanken versunken. Sie entdeckte und bestaunte die wunderschönen gotischen Fresken und das besonders schöne spätromanische steinerne Taufbecken. Hier wurde Hans im Jahre 1917 getauft. Hier lief er als Kind aus und ein. Hier besuchte er die heilige Messe.

Noch nie in ihrem Leben fühlte sie sich so nahe den überirdischen Mächten wie gerade damals in diesem Gotteshaus. Ihre Seele war aufgewühlt und weit und offen für alles Geheimnisvolle und Großartige, was außerhalb der mit unseren Sinnen erfaßbaren Welt liegt. Inbrünstig erflehte sie allen Segen des Himmels für ihre Lieben, die Verstorbenen und die Lebenden.

Und sie legte alles was schön und gut war und ist in ihrem Leben, aber auch allen Kummer und alle Sorgen, ihre und die ihrer Kinder und ihrer Angehörigen und aller Menschen auf dieser Erde in die göttlichen Hände. Es war ihr in diesen Augenblicken, als ob diese unsere Welt und die andere, die wir nicht kennen und auch nicht erfassen können, zu einer einzigen Einheit verschmelzen würden.

208

Mag auch Luises Leben nach außen hin bei weitem nicht so geglückt sein, wie sie es sich in ihrer Jugend erträumt und vorgestellt hatte, so ist ihr doch immer noch der innere Reichtum ihrer Gefühls- und Gedankenwelt geblieben.

Und so empfand sie gerade in dieser Stunde eine tiefe Dankbarkeit in ihrem Herzen dafür, daß sie einst einem geliebten Menschen in allen seinen Nöten, die ihm der Krieg auferlegt hatte, durch die innige Zuwendung ihrer Gefühle und Gedanken und mit ihren Briefen Hilfe und seelischen Beistand geben durfte, bis der Tod sie trennte.

Weitere Buchveröffentlichungen von
Luise Richter

Herz, o Herz!
Nie wieder Krieg!
Kurzgeschichten
Books on Demand, Norderstedt. 2008
124 Seiten; Preis: 9.00 Euro
ISBN: 9783837067958

———

In der autobiographische Trilogie
Korngoldleuchten

Band 2:
Wie in einem Schundroman
Books on Demand, Norderstedt. In Vorbereitung
ca. 120 Seiten; Preis: ca. 9.00 Euro
ISBN: 9783837070125

Band 3:
Absturzgefahr gebannt
Books on Demand, Norderstedt. In Vorbereitung
ca. 100 Seiten; Preis: ca. 8.00 Euro
ISBN: 9783837070132

———

Informationen: http://www.bod.de
http://www.luiserichter.blogspot.com